Hinter dem Sachregister befindet sich ein ausführliches Verzeichnis der

Guttentagschen Sammlung

Deutscher Reichs- und Preußischer Gesetze

— Textausgaben mit Anmerkungen; Taschenformat —

die alle wichtigeren Gesetze in unbedingt zuverlässigem Abdruck und mit mustergültiger Erläuterung wiedergibt.

Guttentagsche Sammlung
Nr. 54. Preußischer Gesetze. Nr. 54.
Textausgaben mit Anmerkungen.

Gesetz, betreffend die Anlegung von Sparkassenbeständen in Inhaberpapieren

nebst

Ausführungsverordnung vom 8. Mai 1913.

Kommentar

von

Herbert Döhring,
Rechtsanwalt beim Landgericht und Amtsgericht Schweidnitz.

Berlin 1914.
J. Guttentag, Verlagsbuchhandlung,
G. m. b. H.

Vorwort.

Das hier behandelte Gesetz stellt für Preußen einen Versuch dar, der in seiner Art zum ersten Male gemacht ist. Die Bearbeitung des Gesetzes mußte sich mithin im wesentlichen auf die Erwägungen stützen, welche bei den Beratungen des Entwurfs im Herrenhause und im Abgeordnetenhause zutage traten. Eine irgendwie beträchtliche Literatur war nicht vorhanden.

Soweit das allgemeine Sparkassenwesen und Sparkassenrecht einer Betrachtung unterzogen wurde, hat das vorzügliche Werk von von Knebel-Döberitz „Das Sparkassenwesen in Preußen" mir große Dienste geleistet.

Schweidnitz, im Februar 1914.

Der Verfasser.

Inhaltsverzeichnis.

Einleitung.

Das Gesetz betreffend die Anlegung von Sparkassenbeständen in Inhaberpapieren bringt auf dem Gebiete des Sparkassenwesens und Sparkassenrechts zum ersten Male eine für ganz Preußen einheitliche gesetzliche Regelung einer das öffentliche Sparkassenwesen angehenden Materie. Da das Gesetz, wie seine Überschrift bereits sagt, lediglich die Anlegung der Sparkassenbestände betrifft, bleibt es in allen übrigen das Sparkassenrecht betreffenden Beziehungen bei dem bisherigen Rechtszustande; in den altpreußischen Provinzen also bei dem Reglement, die Einrichtung des Sparkassenwesens betreffend vom 12. Dezember 1838 (GS. 1839 S. 5), in den anderen Provinzen bei den allgemeinen Verordnungen und Verfügungen, welche das öffentliche Sparkassenwesen regeln und welche zum großen Teil auf das genannte Reglement Bezug nehmen und dieses auf die betreffenden Provinzen ausdehnen.

Das Reglement vom 12. Dezember 1838 regelt die Frage der Anlegung der Sparkasseneinlagen in § 5. Dort finden sich allerdings darüber, bis zu welchem Grade die Sparkassenbestände in Inhaberpapieren anzulegen sind, Vorschriften nicht. Es ist dort vielmehr lediglich gesagt, daß die Kommunen, welche Sparkassen eingerichtet haben, ihre Kapitalien auf erststellige Hypotheken, inländische Staatspapiere und Pfandbriefe, sowie auf andere völlig sichere, d. h. mündelsichere Art, anzulegen haben. Der Gedanke, den Sparkassen hinsichtlich des Prozentsatzes ihrer Kapitalien, der in Inhaberpapieren anzulegen ist,

einen Zwang aufzulegen, ist erst später aufgetaucht und erörtert worden.

Die gesetzgebenden Faktoren Preußens haben ihn zum ersten Male im Jahre 1906 behandelt.

Im Januar 1906 legte die Königliche Staatsregierung dem Landtage den Entwurf eines Gesetzes betreffend Anlegung von Sparkassenbeständen in Inhaberpapieren vor (Drucksachen des Herrenhauses Nr. 15, Session 1905 bis 1906, Drucksachen des Abgeordnetenhauses Nr. 158 derselben Session). Der Entwurf stützte sich zunächst auf die mangelnde Liquidität eines großen Teiles der öffentlichen Sparkassen, welche er unter Mitteilung eines eingehenden Zahlenmaterials damit belegte, daß die Sparkassen aus dem Streben nach möglichst hoher Verzinsung ihrer Bestände die Anlegung der Sparkassenbestände in Hypotheken in übermäßiger Weise bevorzugten, dagegen die Anlegung in Wertpapieren in steigendem Maße vernachlässigten. Diese Entwicklung hatte vom Standpunkt der Sparkassenaufsicht ein Eingreifen des Staates in der Richtung der Verstärkung des Inhaberpapierbesitzes gefordert. Andrerseits, führte der Entwurf aus, gebiete das Staatsfinanzinteresse in Hinblick auf den dauernd niedrigen Kursstand der Reichs- und der preußischen Staatsanleihen, die Sparkassen zu vermehrter Anlegung ihrer Bestände in Reichs- und Staatspapieren anzuhalten. In der Begründung des Entwurfs wurde mit einer Vermehrung des Ankaufs um jährlich 50 bis 60 Millionen gerechnet, was hinsichtlich der Befestigung der Kurse nicht ohne günstige Einwirkung zu bleiben versprach.

Hebung des Kurses der Reichs- und Staatspapiere und Steigerung der Liquidität der öffentlichen Sparkassen waren also die Ziele, die der Gesetzentwurf vom Jahre 1906 verfolgte.

Der Entwurf des Jahres 1906 wurde im Herrenhause mit einer kleinen Majorität angenommen, nachdem insbesondere von Seiten der Vertreter der Städte energischer Widerspruch gegen das Gesetz laut geworden war. Im Abgeordnetenhause dagegen überwog die Abneigung gegen das Gesetz die Zuneigung. Der Redner der freisinnigen Vereinigung, Wolff-Lissa, erklärte sich vorbehaltlos und ganz entschieden gegen die Vorlage. Der konservative Abgeordnete, von Hennings-Techlin, hatte zwar gegen das Gesetz an sich nichts einzuwenden, gab aber doch mehrfachen schweren Bedenken Ausdruck. Für den Zentrumsredner von Savigny und seine Fraktion war das Gesetz in der vorgelegten Form nicht annehmbar. Für die Nationalliberalen erklärte Dr. Schröder-Kassel, daß die Hebung des Kurses der Staatspapiere nicht Sache der Sparkassen, sondern Sache des Staates sei, und daß der beabsichtigte Zweck der Hebung dieser Kurse durch den Gesetzentwurf wohl kaum erreicht werden würde. Nur der freikonservative Redner von Woyna stimmte dem Gesetz in seinem Grundgedanken zu. Die übrigen Redner schlossen sich im wesentlichen ihren hier genannten Fraktionsgenossen an. Der Entwurf wurde alsdann einer Kommission überwiesen, blieb daselbst aber wegen Schlusses der Session unerledigt.

Seitdem ist die Frage der Hebung und Befestigung der Kurse der Reichs- und Staatsanleihen sowie die Erörterung darüber, ob diese Hebung durch Begründung eines den verschiedenen kapitalanlegenden Instituten aufzuerlegenden Zwanges, ihre Bestände zum Teil in Reichs- und Staatspapieren anzulegen, bewirkt werden könnte, nicht mehr aus der öffentlichen Diskussion ausgeschieden. In Wort und Schrift haben zur Sache interessierte Autoren sich über diese Frage ausführlich geäußert:

So Dr. Otto Schwarz, Der Kurs der deutschen Reichs- und Staatsanleihe, erschienen im Handbuch der Politik, Verlag Berlin-Leipzig, Dr. Walter Rotschild, 1912/13.

Derselbe in demselben Verlage, Der Kurs der deutschen Reichs- und Staatsanleihe.

Karl Kimmig, Die Ursachen des niedrigen Kursstandes deutscher Staatsanleihen, Stuttgart und Berlin 1906 (Volkswirtschaftliche Blätter).

Alfred Neymark, Les mouvements des fonds d'Etat des grands pays. Paris 1909.

G. S. Freund, Die Rechtsverhältnisse der öffentlichen Anleihen, 1907.

Herm. Albert, Die geschichtliche Entwicklung des Zinsfußes in Deutschland von 1895—1908, Leipzig 1910.

W. Mahlberg, Zum Kursstand unserer Anleihen, in den Pr. Jahrb., Bd. 142 (Okt.—Dez. 1910), S. 241, und Bd. 143, Heft 2, S. 264.

Jul. Wolff, Vorschläge zur Hebung der Kurse der deutschen Staatsanleihen, Leipzig 1911.

Hugo Heymann, Die deutschen Anleihen, Berlin 1911.

B. Dernburg, Kapital und Staatsaufsicht, Berlin 1911.

Derselbe: Zwangsanlagen in Staatspapieren, im Bankarchiv vom 15. Oktober 1911.

Elster, Der Kursstand der deutschen Reichsanleihen und pr. Staatsanleihen, im Jahrb. der Nationalökonomie und Statistik, Februar 1911, S. 153.

Wallich, Beiträge zur Geschichte des Zinsfußes von 1800 bis zur Gegenwart, ebendaselbst, September 1911, S. 289.

Wachler, Staatspapiere und Sparkasse, in den Pr. Jahrbüchern, Bd. 144, S. 492.

von Dombois, Der Kursstand der deutschen Staatsanleihen, Hannover 1911.

Delbrück, in den Pr. Jahrbüchern, Bd. 116, Heft 3, Juni 1904, S. 441.

Um den Umfang zu illustrieren, in welchem die Kurse der Reichs- und preußischen Staatsanleihen in den letzten Jahren zurückgegangen sind, sei hier auf die Übersicht hingewiesen, welche der Begründung des Entwurfes des hier behandelten Gesetzes seitens der Kgl. Staatsregierung beigegeben wurde, und welche zum Vergleiche eine Tabelle über die Kursbewegung der französischen und der englischen Rente enthält. Nach dieser Zusammenstellung ist der Durchschnittskurs der 3½-proz. preußischen Konsols in den Jahren 1887—1910 von 100,10 auf 93,26 gesunken, die 3-proz. preußischen Konsols sanken von 1890—1910 von 86,25 auf 84,29, die 3½-proz. deutsche Reichsanleihe von 1887—1910 von 99,80 auf 93,60 und die 3-proz. Reichsanleihe von 1891—1910 von 85,10 auf 84,41.

Demgegenüber ist in der Kursbewegung der 3-proz. französischen Rente an Stelle eines Sinkens eine nicht unerhebliche Steigerung zu beobachten gewesen. Sie stand im Jahre 1887 in ihrem Durchschnitt auf 80,13, erklomm 1897 den Höchststand von 103,33 und nahm 1910 immerhin noch eine Höhe von 98,05 ein, so daß bei ihr im Verhältnis zu den entsprechenden deutschen Papieren eine günstige Aufwärtsbewegung zu beobachten war.

Als Gründe, welche in dieser ungünstigen Weise auf den Kursstand der deutschen und preußischen Staatspapiere eingewirkt haben, sind von den oben genannten Autoren die verschiedensten genannt worden.

In erster Linie ist der intensiven Wirtschaftsentwicklung des Deutschen Reiches während der letzten Jahrzehnte die Hauptschuld an dem großen Kurssturz der deutschen Papiere beigemessen worden. Auch der Aufschwung, den die gesamte Weltwirtschaft während dieses Zeitraums genommen hat, muß hier als Moment angeführt werden, welches in derselben Richtung wirksam wurde. Es ist klar, daß sowohl Landwirtschaft als auch Handel und Industrie bei ihrem starken wirtschaftlichen und technischen Aufschwunge enorme Kapitalien zur Aufrechterhaltung ihres Betriebes sowie zu Neuanlagen, Vergrößerungen und Erweiterungen bedurften. Dieser Mehrbedarf mußte durch vermehrte Ausgaben von Aktien und Dividendenwerten sowie von Industrieobligationen gedeckt werden. Die steigende Gewinnquote veranlaßte sodann das geldanlegende Publikum, lieber zum Ankaufe dieser Werte als dem von Reichs- und Staatspapieren zu schreiten. Sodann bewirkte die wirtschaftliche Hochkonjunktur eine steigende Bevölkerungszunahme, eine Zunahme der Bautätigkeit und damit eine gesteigerte Inanspruchnahme des Hypotheken- und Pfandbriefmarktes, so daß die Nachfrage nach Staatspapieren im Verhältnis zu ihrem Angebot weiterhin geringer wurde.

Gegenüber dieser, den hauptsächlichsten Grund für den Kursrückgang der deutschen Staatspapiere bildenden Erscheinung sind die übrigen Ursachen nur von untergeordneter Bedeutung gewesen. Immerhin erscheint es nicht unangebracht, in Kürze auch auf sie einzugehen, um so mehr als das hier behandelte Gesetz gerade den einen dieser Gründe, nämlich den Mangel an sicheren und dauerhaften Käufern von Staatspapieren beseitigen will.

Als solche Gründe kommen nach Schwarz, Der Kurs der deutschen Reichs- und Staatspapiere, im Handbuch der Politik, die folgenden in Betracht.

1. Fehler der Emissionstechnik.

Diese Fehler liegen vornehmlich in der Wahl ungeeigneter Augenblicke für die Emission neuer Anleihen (Ausgabe einer Anleihe im Jahre 1904, kurz vor dem Ausbruch des russisch-japanischen Krieges), in dem uneinheitlichen Vorgehen der Kommunen, der Bundesstaaten und des Reiches bei der Emittierung ihrer Anleihen, sowie in der nicht genügenden Bevorzugung der ernsten Zeichner, insbesondere der Banken, vor den sogenannten Konzertzeichnern, welche in einer zu geringen Bemessung der Bonifikation zu erblicken ist.

2. Fehler in der Übertragungsmöglichkeit der Werte.

Als ein Hauptvorzug der französischen Rente und Hauptgrund für die Stabilität ihres Kurses sieht Schwarz die sehr weitgehende Stückelung ihrer Titres in Stücke von 2—3 Frcs. an. Durch sie ist eine starke Demokratisierung und Popularisierung der Rente erreicht worden, so daß sich der Rentenbesitz auf 2—3 Millionen Besitzer verteilt, welche alle ein Interesse an der Hochhaltung des Rentenkurses haben. Hand in Hand mit dieser Stückelung geht die Schaffung von zirka 6000 Kuponeinlösungs- und Renten-An- und Verkaufsstellen, als welche die sämtlichen Steuerannahmestellen fungieren. Demgegenüber geht in Preußen die Stückelung der Anleihe nur auf 100 M. und im Deutschen Reiche sogar nur auf 200 M. herab. Infolgedessen sind die kleinen und kleinsten Kapitalbesitzer in Deutschland und in Preußen an dem Kursstande der Anleihen überhaupt nicht interessiert.

3. Zinspolitik und Konvertierungen.

In dieser Hinsicht ist vor allen Dingen die Ausgabe von niedrig verzinslichen 3-proz. Anleihen zu tadeln, welche die Staatspapiere in die Kreise der Spekulation trug. Denn es war vor allem die Aussicht auf Kursgewinn, welche diese Papiere für den Fall ihrer Veräußerung zu höherem Preise als dem weit unter pari befindlichen Ausgabepreise dem anlagesuchenden Publikum begehrenswert erscheinen ließ. Infolgedessen wurden diese Papiere denn auch zunächst bis auf pari getrieben. Infolge der Änderung der Marktverhältnisse am Ende der 90er Jahre erwiesen sich die 3-proz. Anleihen jedoch als am wenigsten widerstandsfähig und hatten alsdann den stärksten Rückgang zu verzeichnen.

Als Folge der Konvertierungen besonders aus der Mitte der 90er Jahre (Miquel) machte sich sodann je länger je mehr eine Unbeliebtheit der deutschen Reichs- und Staatspapiere geltend, da die Besitzer auf die Dauer den mit der Konvertierung verbundenen Zinsverlust unliebsam empfanden, und weil ferner die einmal vorgenommene Konvertierung Mißtrauen wegen abermaliger Wiederholung dieses Schrittes gesät hatte.

4. Ungenügende Tilgung.

In Preußen sind die Beträge, welche zu Tilgungsankäufen jährlich verwendet werden dürfen, gegenwärtig auf nur $^3/_5$ Proz. der jährlichen Staatsschuld festgesetzt, was zurzeit einem jährlichen Betrage von 57 Millionen gleichkommt. Im Reich beläuft sich der Tilgungsbetrag seit der letzten Reichsfinanzreform vom Jahre 1908 auf eine wesentlich höhere Summe (117 Millionen beim Rechnungsabschluß 1910). Immerhin erscheinen diese Beträge bei der hohen Verschuldung des Reiches und Preußens als zu gering, um zur Hebung der Kurse der Reichs- und preußischen Staatsanleihen genügend beitragen zu können.

5. Schuldenvermehrung.

Vor allem hat kursdrückend eine allzu starke und regelmäßig wiederkehrende Vermehrung der Reichs- und Staatsschulden gewirkt; haben doch im letzten Dezennium das Reich und die Bundesstaaten alljährlich mit vielen Hunderten von Millionen, stellenweise sogar mit die Milliarde übersteigenden Neuemissionen den Markt überschwemmt und den Kurs der Staatspapiere gedrückt.

6. Konkurrenz einheimischer festverzinslicher Werte.

Neben dem Reich und den Bundesstaaten wenden sich viele andere Körperschaften an das feste Anlagen suchende Publikum, so die Kommunen und Kommunalverbände, sowie die Pfandbriefinstitute, mögen dieses nun solche öffentlichen Rechts, wie die Landschaften und städtischen Pfandbriefämter, oder private wie die Hypothekenbanken sein. Namentlich die Landschaften sind es, welche mit ihren wohlgesicherten Pfandbriefen die stärkste Konkurrenz bilden, um so mehr als sie mit dem Privileg der Mündelsicherheit ausgestattet sind. Dazu tritt das seit den letzten Jahren in ungeheuerer Entwicklung begriffene Sparkassenwesen, indem die Sparkassen, wie noch wiederholt zu erörtern sein wird, ihren Einlegern eine feste und sichere hohe Verzinsung gewähren.

7. Konkurrenz ausländischer Werte.

Als Konkurrenten großen Stils für die einheimischen Staatspapiere sind hier vorzugsweise russische Eisenbahnobligationen, russische Staatswerte, amerikanische Eisenbahnfonds, sowie Goldminen- und Diamantminenfonds zu nennen.

Die Mittel zur Bekämpfung dieser den Tiefstand der Staatspapierkurse verursachenden Gründe knüpfen naturgemäß an die Gründe des Mißstandes selbst an. Demgemäß werden als solche Mittel genannt die Vermeidung und möglichste Einschränkung der Aufnahme neuer Staats- und Reichsanleihen und Vorsicht bei Aufnahme solcher Anleihen. Insbesondere wird empfohlen, grundsätzlich die Aufnahme von Anleihen zu beschränken auf Fälle der Schöpfung neuer werbender Anlagen. Es ist dies ein Grundsatz, der volkswirtschaftlich so wie so als oberstes Leitmotiv für die Aufnahme von Anleihen anerkannt werden muß, weil nur durch die der Anleihe gegenüberstehende werbende Anlage die Verzinsung und Tilgung der Anleihe ermöglicht wird, ohne daß auf andere Staatsmittel, insbesondere auf die Steuerkraft des Volkes, zurückgegriffen zu werden braucht. Vorteilhaft kann die Erschließung fremder Geldmärkte für den Kursstand der deutschen und preußischen Anleihen wirken, wie sie von Miquel vor allem angestrebt wurde. Doch ist hierbei zu bedenken, daß jede Zulassung deutscher Werte auf ausländischen Börsen und Märkten wohl nur gegen Zubilligung der Gegenseitigkeit zu erreichen ist. Dadurch aber wird andererseits wiederum die ausländische Konkurrenz auf dem inländischen Markt gesteigert. Eine Verschließung des deutschen Marktes für fremde Emissionen, so wertvoll sie für die Hebung der Kurse der deutschen Papiere auch sein mag, führt wiederum zur Verschließung des ausländischen Marktes für deutsche Anleihen.

Ferner sind als kurssteigernde Momente Verschärfung der Tilgung und große Beschränkung der zur Ausgabe ähnlicher Papiere befugten Korporationen, der Kommunen und Kommunalverbände, in der Ausgabefreiheit zu nennen, richtige Wahl des Zeitpunktes der Emissionen, Vorsicht bei Konversionen, sowie Beschränkung der Mündelsicherheit anderer Anlagen.

Mit Erfolg ist vielfach die Nachfrage nach Staatspapieren verstärkt worden durch Gewährung wirtschaftlicher und steuerlicher Vorteile für die Staatsgläubiger. Als wirksamstes Mittel würde in dieser Richtung die Befreiung von der Einkommens- und Ergänzungssteuer anzusehen sein, soweit das Einkommen aus Staatsrenten fließt, bzw. soweit das Vermögen in Staatswerten angelegt ist. In Deutschland und Österreich als Ländern mit allgemeiner Einkommensbesteuerung findet sich dieses Mittel zur Hebung der Staatsrentenkurse nicht. Dagegen ist es in England und Italien, wo die Einkommensteuer getrennt nach den einzelnen Quellen veranlagt wird, zum Zwecke der Hebung der Staatspapierkurse in Gebrauch. Ebenso plant man in Frankreich die Schaffung entsprechender gesetzlicher Bestimmungen im Steuerrecht zum Zwecke der Hebung der Rentenkurse.

Als das hier am meisten in Betracht kommende Mittel zur Hebung des Kurses der Staatspapiere ist schließlich die Schaffung einer gesteigerten Nachfrage nach Staatspapieren durch Begründung eines gesetzlichen Zwanges zum Ankaufe solcher Papiere für die verschiedenartigsten Geldinstitute und kapitalansammelnden Organisationen zu nennen. Die Erörterung dieses Mittels führt auf die Begründung des im folgenden behandelten Gesetzes hin.

Wie bei Gelegenheit des Gesetzentwurfes vom Jahre 1906 wies die Regierung auch bei Begründung des hier behandelten Gesetzes darauf hin, daß mit dem Gesetze zunächst bezweckt würde, den Abnehmerkreis für Reichs- und Staatspapiere dadurch zu vergrößern, daß man auch den Sparkassen einen Zwang zur Abnahme von solchen Papieren auferlegte. Durch Verstärkung der Nachfrage wollte man den Kurs der Papiere heben, und gleichzeitig sollte die Vermehrung der Nachfrage durch tunlichste Zurückhaltung des Angebots an neuen Staatsanleihen ergänzt werden, damit ein befriedigendes Ergebnis in der Sache erzielt würde.

Das Gesetz stellt sich demnach als ein Glied in einer Kette teils gesetzgeberischer, teils verwaltungsmäßiger Maßnahmen dar, welche alle denselben Zweck der Hebung der Staatsrentenkurse verfolgen. Als Beispiele derartiger staatlicher Maßnahmen seien hier die folgenden erwähnt. Im Wege der Reichsgesetzgebung ist angeordnet, daß die Berufsgenossenschaften mindestens ein Viertel ihres Vermögens in Anleihen des Reiches oder der Bundesstaaten anzulegen haben; auch müssen sie mindestens die Hälfte in mündelsicheren und denen gleichgestellten Werten anlegen. (§§ 26 und 718 der Reichsversicherungsordnung vom 19. Juli 1911.) Ebenso muß das Vermögen der Versicherungsanstalten für Privatangestellte sowie der sogenannten Ersatzkassen zu einem Viertel in Reichs- und Staatsanleihen belegt werden (§§ 226 und 381 des Reichsgesetzes vom 20. Dezember 1911). Dieselben Vorschriften bestehen für die Versicherungsanstalten der Invaliden- und Hinterbliebenenversicherung.

In Preußen hat man denselben Weg beschritten. Das preußische Gesetz über die öffentlichen Feuerversicherungsanstalten vom 25. Juli 1910 bestimmt in § 19, daß die Anstalten ihr Vermögen mindestens zu einem Viertel in Anlagen des Reichs oder des preußischen Staats anlegen müssen, und daß bis zur Erreichung dieses Besitzstandes ein Drittel des jährlichen Vermögenszuwachses in derartigen Werten anzulegen sei. Gelegentlich der parlamentarischen Beratung dieses letzteren Gesetzes wurde sodann am 10. Juni 1910 vom Hause der Abgeordneten eine Resolution beschlossen — Drucksachen 525 A III, Session 1910 — welche die Staatsregierung ersucht,

> die erforderlichen Schritte zu tun, damit die den öffentlichen Feuerversicherungsanstalten gegenüber erlassene Vorschrift, die Vermögensbestände zu einem Teile in Reichs- und Staatsanleihen anzulegen, auch anderen Anstalten und Unternehmungen gegenüber erlassen werde, deren Geschäftsbetrieb einer durch besondere Vorschriften geregelten staatlichen Aufsicht unterliegt.

Infolge dieser Resolution hat alsdann im Verwaltungswege der Minister der öffentlichen Arbeiten angeordnet, daß die Pensionskasse für die Arbeiter der Eisenbahnverwaltung, welche Ende 1908 ein Vermögen von 136 Millionen Mark angesammelt hatte, stets ein Viertel dieses Vermögens in Reichs- und Staatspapieren anzulegen hätte. Entsprechende Verpflichtungen wurden für die Kleinbahnen und Privateisenbahngesellschaften für bestimmte Fonds ins Auge gefaßt.

Für die durch die ostpreußische Landschaft gegründete öffentliche Lebensversicherungsanstalt ist sodann in § 6 des Statuts ebenfalls die Verpflichtung angeordnet, den vierten Teil des gesamten Vermögens in Reichs- und Staatswerten anzulegen. Allerdings sollte für die Prämien- und Gewinnreserven diese Verpflichtung erst nach Ablauf von 10 Jahren seit dem Tage der Genehmigung des Statuts mit der Maßgabe in Kraft treten, daß von dem jährlichen Zuwachs mindestens ein Drittel so lange in den bezeichneten Anleihen anzulegen sei, bis der angelegte Betrag ein Viertel des Gesamtbetrages der Prämien- und Gewinnreserven erreicht hätte. Auch sollten die zuständigen Minister befugt sein, die Anstalt für die Prämien- und Gewinnreserven auch weiterhin von dieser Verpflichtung zu entbinden, so lange und so weit den im Reiche zugelassenen privaten Lebensversicherungsunternehmen eine entsprechende Verpflichtung durch Gesetz nicht auferlegt sei. Von dieser Befugnis haben die Minister für Justiz, Landwirtschaft und Inneres auch durch gemeinschaftlichen Erlaß vom 29. September 1910 Gebrauch gemacht (cf. J.-Nr. M. f. L I A II E 5250, J.-Nr. JM. I 2168, J.-Nr. M. d. J. I 1758). Dieses Entgegenkommen bezweckte, die junge landschaftliche Lebensversicherungsanstalt gegenüber der Privatassekuranz lebensfähig und konkurrenzfähig zu erhalten. Genau dieselben Bestimmungen befinden sich auch in den Statuten der seitdem von den Provinzen Westpreußen, Schlesien, Pommern, Posen und Brandenburg unter der Beteiligung der zuständigen Landschaften und Ritterschaften ins Leben gerufenen öffentlichen Lebensversicherungsanstalten, welche zusammen mit der Lebensversicherungsanstalt der ostpreußischen Landschaft zu einem Verbande öffentlichrechtlicher Lebensversicherungsanstalten zusammengeschlossen sind.

Dieses Vorgehen der Regierung gegenüber den öffentlichrechtlichen Lebensversicherungsanstalten, insbesondere die Gewährung der zehnjährigen Sperrfrist, beweist, daß die Regierung den Gedanken weiter verfolgen wollte, durch Schaffung von Zwangskäufern den Abnehmerkreis für Reichs- und Staatspapiere zu vergrößern, und daß als weitere mit dem Anlagezwang zu belegende Institute vor allem die privaten Lebensversicherungsanstalten sowie alle übrigen Arten von Versicherungsinstituten ins Auge gefaßt wurden. Auch gegenüber den Banken und Kreditgenossenschaften dürfte ein gleiches Vorgehen nicht allzu lange auf sich warten lassen.

Gegenüber den Sparkassen hat man sodann zunächst im Verwaltungswege in Anknüpfung an die Gesetzgebungsaktion vom Jahre 1906 den Gedanken des Anlagezwanges zur Ausführung zu bringen gesucht. Der bedeutsamste Schritt in dieser Richtung ist der Erlaß des Ministers des Innern vom 31. Juli 1908 (MBl. d. J. S. 178). Grundlegend für diesen Erlaß mußte der Gedanke sein, daß man mit einem unmittelbaren Zwange, bestimmte Prozentsätze der Kapitalsanlagen in Reichs- und Staatspapieren anzusammeln, gegen die Sparkassen im Verwaltungswege nicht vorgehen konnte, denn hiergegen bestanden schwerwiegende rechtliche Bedenken. Wie schon im Eingange dieser Abhandlung hervorgehoben ist, ist die Frage, in welchen Werten die Sparkassen ihre Kapitalien anzulegen haben, für die altpreußischen Provinzen in § 5 des mit Gesetzeskraft ausgestatteten Reglements vom 12. Dezember 1838 geregelt. Dort ist den Sparkassen gestattet, ihre Kapitalien auf erststellige Hypotheken auszuleihen, inländische Staatspapiere und Pfandbriefe zu kaufen, sowie sonstige völlig sichere, d. h. mündelsichere Anlagewerte zu erwerben. Die übereinstimmende Auslegung des § 5 des Reglements vom 12. Dezember 1838 geht dahin, daß die Sparkassen durchaus freie Wahl darin haben, welche dieser ihnen zur Auswahl gestellten Anlagewerte sie bevorzugen wollen. Es war daher nicht möglich, durch Verwaltungsverordnung diese gesetzlich garantierte Wahlfreiheit einzuschränken und durch Aufsichtsverfügungen Vorschriften darüber zu erlassen, zu welchen Prozentsätzen die Sparkassenanlagen in Wertpapieren, Hypotheken oder sonstwie zu belegen seien.

Gegenüber den Sparkassen der neuerworbenen Gebietsteile konnte man sodann schon aus Gründen der Parität mit einem durch Verwaltungsverfügungen ausgeübten Zwang nicht vorgehen.

Der Erlaß vom 31. Juli 1908 beschränkt sich demgemäß darauf, den Sparkassenverwaltungen lediglich anzuraten, bestimmte Prozentsätze ihrer Anlagen in Reichs- und Staatspapieren zu machen, des weiteren aber wird in dem Erlasse denjenigen Sparkassen, welche freiwillig statutarisch eine derartige Anlagepflicht übernehmen wollen, in Aussicht gestellt, daß ihnen als Äquivalent dafür eine langsamere Ansammlung des Reservefonds und eine dementsprechend stärkere Inanspruchnahme der Überschüsse für außerordentliche kommunale Bedürfnisse nachgelassen werden sollte. Im einzelnen ging der Erlaß davon aus, daß diejenigen Sparkassen, welche freiwillig sich überhaupt einer statutarischen Bindung in der Art der Anlage ihrer

Bestände unterziehen wollten, regelmäßig 30 Proz. des verzinslich angelegten Vermögens in Inhaberpapieren und davon die Hälfte in Reichs- und Staatspapieren anlegen sollten, und daß bis zur Erreichung dieses Besitzstandes die entsprechende Anlegung von $^4/_{10}$ des jährlichen Vermögenszuwachses dasjenige Maß darstellen sollte, bei welchem eine Verlangsamung der Ansammlung von Reserven und ein Entgegenkommen in der Verwendung der Überschüsse zulässig erschien. Ein noch weiteres Entgegenkommen sollte bei kleinen Sparkassen geübt werden, die nur einen Einlagebestand von nicht über 3 Millionen Mark aufzuweisen hatten.

Soweit der Bezirk des Geltungsbereichs des Reglements vom 12. Dezember 1838 in Betracht kam, benutzte man also für den Erlaß die in § 7 des Reglements den staatlichen Aufsichtsorganen eingeräumte Befugnis zum verwaltungsmäßigen Entgegenkommen in der Handhabung der Aufsicht über die Verwendung der Überschüsse, um die Sparkassen zur Steigerung ihrer Effektenbestände zu bewegen.

Einen gewissen Erfolg hatte der Erlaß zu verzeichnen, denn es trat als Folgeerscheinung bei den Sparkassen eine Steigerung im Ankauf von Staatspapieren ein. Es wurden nämlich bei den preußischen Sparkassen im Jahre 1909 nicht weniger als 216 Millionen Mark gegen 24 Millionen Mark im Jahre 1908 und 22 Millionen im Jahre 1907 in Wertpapieren angelegt.

Die kgl. Staatsregierung glaubte sich jedoch mit diesem Erfolge nicht begnügen zu sollen, vor allen Dingen fehlte es ihr an einem Zwangsmittel, von dem man den Sparkassenverwaltungen gegenüber Gebrauch machen konnte, um sie auf die Dauer zu einem verstärkten Ankauf von Reichs- und Staatspapieren zu veranlassen.

Infolgedessen nahm die Regierung Anlaß, durch Vorlegung des Gesetzentwurfes betreffend die Anlegung von Sparkassenbeständen in Inhaberpapieren diesen Anlagezwang gesetzlich zu stabilieren und ihn auch den Sparkassen gegenüber ebenso wie gegenüber den übrigen oben genannten Instituten auf gesetzliche Grundlage zu stellen. Soweit der Entwurf die Vergrößerung des Abnehmerkreises der Reichs- und Staatspapiere als wirtschaftlichen Zweck des Gesetzes ins Auge faßte, wurde in seiner Begründung auf die bisher erörterten tatsächlichen und rechtlichen Verhältnisse hingewiesen.

Als zweites Motiv für die Einbringung des Gesetzesvorschlages hob die Regierung wie schon bei dem Gesetzentwurf vom Jahre 1906 die Notwendigkeit der Herstellung einer größeren Liquidität der einzelnen Sparkassen hervor. Wie schon im Jahre 1906 betonte sie, daß die Sicherung der Liquidität der Sparkassen eine gesetzliche Festlegung eines gewissen, von den Kassen zu haltenden Mindestbestandes an Inhaberpapieren mit Notwendigkeit fordere, wenn nicht Verhältnisse bestehen bleiben sollten, die als ungesund und in kritischen Zeiten den Bestand der Sparkassen in hohem Maße gefährdend bezeichnet werden müßten. Nach dieser Richtung lag unabhängig von der finanzpolitischen Seite der Sache ein selbständiges Interesse des Sparkassenwesens vor, zu dessen Berücksichtigung die Staatsregierung verpflichtet war, weil ihr mit der Aufsicht über die Sparkassen auch die Verantwortung dafür oblag, daß in der Verwaltung der Sparkassen durchweg gesunde, jede Schädigung der Interessen der Sparer ausschließende Grundsätze befolgt würden.

Seit der parlamentarischen Erörterung des Gesetzentwurfes vom Jahre 1906 ist der Besitz von Inhaberpapieren nahezu ausschließlich als das einzige Mittel erkannt worden, mit dessen Hilfe man den Ansprüchen an genügende Liquidität eines Sparinstitutes gerecht werden konnte. Der Begriff der Liquidität setzt die Möglichkeit einer schleunigen Verwertung eines bestimmten Teiles der Anlagen durch Verkauf oder Lombardierung voraus, und für diese Verwertung kommen die üblichen Anlagen der Sparkassen, nämlich die Hypotheken sowie die den Kommunen und sonstigen öffentlichen Korporationen gewährten langfristigen Darlehen nicht in Betracht.

Demgemäß hatte sich auch alsbald nach Abschluß der parlamentarischen Erörterung vom Jahre 1906 das Interesse der Sparkassenvertretungen selbst der Verstärkung des Inhaberpapierbesitzes der Kassen zugewandt, und es ist auf allen Sparkassenverbandstagen betont worden, daß die Sparkassen die Sorge für die Liquidität ihrer Anlagen nicht außer acht lassen dürften und freiwillig für entsprechende Vermehrung ihres Inhaberpapierbesitzes sorgen müßten.

Auch der Vorstand des deutschen Sparkassenverbandes hat wiederholt in dieser Richtung Anregungen gegeben und ist auch praktisch zur Förderung dieser Bestrebungen tätig gewesen. So hat er insbesondere bei der Emission der im Jahre 1909—1910 ausgegebenen Anleihen durch Sammlung von Zeichnungserklärungen unter den deutschen Sparkassen für diese den Erwerb von 86 Millionen Mark Reichs- und Staatsanleihen vermittelt, deren größerer Teil auf preußische Sparkassen gefallen sein dürfte.

Endlich ist aus Sparkassenkreisen bereits 1906—1907 dem Minister des Innern mehrfach der Wunsch vorgetragen worden, es möge denjenigen Sparkassen, welche sich freiwillig zu der Satzung verpflichten, einen festen Besitzstand an Inhaberpapieren einschließlich Reichs- und Staatspapieren bis zu 20 bzw. 30 Proz. ihres Vermögens zu halten, wegen der dadurch bedingten größeren Liquidität eine langsamere Ansammlung des Reservefonds und eine dementsprechend stärkere Verwendung der Zinsüberschüsse nachgelassen werden. Insbesondere ist hier eine Eingabe des hannoverschen Sparkassenverbandes an den Minister des Innern vom 14. April 1906 zu nennen. Diese aus Sparkassenkreisen selbst stammenden Anregungen hatten alsdann den schon oben erwähnten Runderlaß vom 31. Juli 1908 sowie einen Ergänzungserlaß vom 29. März 1911 zur Folge. Unter dem Eindruck dieser Erlasse haben alsdann bis zum 1. November 1911 217 Kassen der Monarchie die entsprechenden Änderungen ihrer Satzungen freiwillig vorgenommen. Unter diesen 217 Kassen befanden sich die Provinzen Schleswig-Holstein, Hannover und Westfalen jedoch nur als mit 11 Kassen vertreten vor.

Gerade mit Rücksicht auf diese letztere Erscheinung konnte man nicht behaupten, daß die verwaltungsmäßige Regelung der Frage der Liquidität im ganzen den gewünschten Erfolg gehabt habe und daß man auf die Dauer eines gesetzmäßigen Einschreitens würde entraten können.

Wenn man die Resultate der von der Regierung ihrem Gesetzentwurfe beigegebenen Statistik betrachtet, so ist zu beobachten, daß die öffentlichen Sparkassen Preußens an Inhaberpapieren nach dem Ankaufswert in Prozenten ihres verzinslich angelegten Vermögens besaßen:

im Jahr	1904	27,05 Proz.
„ „	1905	26,50 „
„ „	1906 .	26,05 „
„ „	1907	25,53 „
„ „	1908 .	25,06 „
„ „	1909 .	25,41 „
„ „	1910 .	24,95 „

Es liegt also mit einer kleinen Abweichung im Jahre 1909 ein dauernder Rückgang innerhalb der letzten 7 Jahre vor.

Durchschnittlich belief sich nach dem Stande des Jahres 1910 der Inhaberpapierbesitz der Sparkassen auf 24,95 Proz. des gesamten Anlagebestandes. Über diesem Durchschnitt befanden sich im Jahre 1910 die Sparkassen von

Pommern	mit	25,29	Proz.
Posen	„	25,70	„
Westpreußen	„	27,11	„
Sachsen	„	29,82	„
Brandenburg ohne Berlin	„	36,37	„
Schlesien	„	36,46	„
Hohenzollernsche Lande	„	37,98	„
Stadt Berlin	„	74,31	„

Dem Durchschnitt verhältnismäßig nahe standen die Sparkasse der Provinzen

Ostpreußen	mit	24,93	Proz.
Hessen-Nassau	„	23,69	„

Unter dem Durchschnitt stand von jeher der Inhaberpapierbesitz der Sparkassen von

Rheinland	mit	20,72	Proz.
Hannover	„	19,79	„
Westfalen	„	12,79	„
Schleswig-Holstein	„	6,04	„

Bei den letztgenannten vier Provinzen war diese Durchschnittsziffer im Laufe der letzten Jahre in einem dauernden Sinken begriffen.

Die Verhältnisse der einzelnen Sparkassen wiesen sodann nach der Regierungsstatistik Ende 1910 folgendes Bild auf: 70 Sparkassen besaßen überhaupt keine Inhaberpapiere, darunter 49 in Schleswig-Holstein, d. h. ein reichliches Drittel aller öffentlichen Sparkassen dieser Provinz, 5 in der Rheinprovinz, 4 in Westfalen, je 3 in Schlesien und Sachsen, und vereinzelte andere.

112 Sparkassen hatten nicht über 5 Proz. ihres verzinslichen Vermögens in Inhaberpapieren angelegt, darunter 55 in Schleswig-Holstein, 26 in Westfalen, 7 in Hannover, je 6 in Ostpreußen und Pommern und vereinzelte andere.

185 Sparkassen hatten nur 5—10 Proz. ihres verzinslichen Vermögens in Inhaberpapieren angelegt, darunter 71 in Westfalen, 29 in der Rheinprovinz, 20 in Schleswig-Holstein, 17 in Hannover, 13 in Sachsen, 12 in Ostpreußen und vereinzelte andere.

320 Sparkassen besaßen Inhaberpapiere nur in Höhe von 10—15 Proz. ihres verzinslichen Vermögens, darunter 82 der Rheinprovinz, 68 in Westfalen, 50 in Hannover, 25 in Sachsen, 24 in Schlesien, je 17 in Pommern und Posen und 12 Kassen Schleswig-Holsteins. Letztere 12 Kassen gehörten in Schleswig-Holstein zu den liquidesten, denn über 15 Proz. ihres Vermögens hatte in Schleswig-Holstein von den dortigen 137 öffentlichen Sparkassen nur eine angelegt.

Als Grund dieser Vernachlässigung der Liquidität bei den Vermögensanlagen der Sparkassen in den einzelnen Provinzen gab die Begründung des Gesetzentwurfes eine zu weitgehende Überspannung des durchschnittlich eine höhere Verzinsung gewährenden Hypothekenbesitzes an.

Im Jahr 1910 belief sich der Durchschnitt dieses Hypothekenbesitzes in allen Provinzen auf 59,78 Proz., in den einzelnen Provinzen stellte er sich dagegen, wie folgt:

in Ostpreußen	auf	58,75	Proz.
„ Westpreußen	„	54,33	„
„ Stadt Berlin	„	18,00	„

in	Brandenburg ohne Berlin	auf	43,06	Proz.
„	Pommern	„	59,33	„
„	Posen	„	54,96	„
„	Schlesien	„	49,00	„
„	Sachsen	„	54,79	„
„	Hessen-Nassau	„	56,21	„
„	den Hohenzollernschen Landen	„	41,15	„

dagegen:

in	Schleswig-Holstein	auf	75,07	Proz.
„	Hannover	„	63,64	„
„	Westfalen	„	75,45	„
„	der Rheinprovinz	„	66,09	„

Der zu niedrige Inhaberpapierbesitz der Sparkassen dieser vier letztgenannten Provinzen entspricht also einem übertrieben starken Hypothekenbesitz derselben Kassen. Dabei geben die hier genannten, sich auf das Jahr 1910 beziehenden Zahlen kein vorübergehendes Augenblicksbild. Die Statistik weist vielmehr nach, daß die Hypothekenanlagen der Kassen derselben vier Provinzen innerhalb der letzten 7 Jahre sich ständig auf einer dem Jahre 1910 entsprechenden Höhe gehalten haben.

Bemerkenswert ist ferner, daß in denselben Provinzen die Anlagen der Sparkassen im Personalkredit, der wenigstens, soweit er durch Wechsel gedeckt ist, teilweise für die Liquidität der Kassen mit in Betracht kommen kann, dauernd heruntergegangen sind. Der Bestand des Personalkredits ist fast gleichbleibend gesunken.

in Schleswig-Holstein	von	10,76	Proz.	im	Jahre	1904
	auf	9,55	„	„	„	1910
in Hannover	von	4,49	„	„	„	1904
	auf	3,39	„	„	„	1910
in Westfalen	von	2,38	„	„	„	1904

	auf	1,53 Proz. im Jahre	1910
in Rheinland	von	3,05 „ „ „	1905
	auf	2,12 „ „ „	1910

Also auch aus dieser Statistik ergibt sich, daß die Sparkassen zur Wahrung ihrer Liquidität durch Begebung kurzfristigen Wechselkredits nichts getan haben.

Als Grund für die übermäßig starke Gewährung von Hypothekarkredit für die Sparkassen ist häufig angeführt worden, daß das Kreditbedürfnis der in dem Garantiebezirke der einzelnen Sparkassen ansässigen ländlichen Besitzer die Kassen zu der übertrieben starken Begebung von ländlichen Hypotheken veranlaßt hat. Demgegenüber wies aber der Regierungsentwurf darauf hin, daß von den Sparkassen Hannovers nicht weniger als 54 Millionen M. Sparkassen-Hypotheken, d. h. 6,46 Proz. des Hypothekenbestandes außerhalb der Provinz Hannover in andern Provinzen und außerpreußischen Bundesstaaten untergebracht sind, und daß die Sparkassen in Westfalen 128 Millionen M., d. h. 9,11 Proz. ihres Hypothekenbestandes außerhalb Westfalens in anderen Provinzen und Bundesstaaten ausgeliehen haben. Für die Rheinprovinz ergibt die Statistik ähnliche Resultate. In Schleswig-Holstein dagegen hatten die Sparkassen nur 63,77 Proz. ihres Hypothekenkredits in eigenem Garantiebezirk angelegt, weitere 26,34 Proz. in den an den Garantiebezirk der einzelnen Kasse angrenzenden Land- und Stadtkreisen, die restlichen 9,89 Proz. dagegen mit rund 36,8 Millionen Mark in anderen Land- und Stadtkreisen der Provinz, teilweise sogar in anderen Provinzen und Bundesstaaten.

Der Grund für die starken Hypothekenanlagen der Kassen wurde von der Regierung demnach nicht in der starken örtlichen Nachfrage nach Hypotheken erblickt, sondern in dem Bestreben der Kassen, durch Verstärkung ihres Hypothekenbesitzes höhere Zinsen zu erzielen als Reichs-, Staats- und Kommunalpapiere zu tragen pflegen, selbst auf die Gefahr hin, den Erfordernissen der Liquidität nicht zu genügen.

Wenngleich ferner im Jahre 1911 die Sparkassen von Königsberg i. Pr., Stettin und Kreis Randow bei Anstürmen in der Lage waren, binnen 2—3 Tagen mehrere Millionen Mark bzw. über 600000 Mark sofort auszuzahlen, so war nach Meinung der Regierung hieraus nicht zu folgern, daß im allgemeinen die preußischen Sparkassen über die nötige Liquidität verfügten. Denn es handelte sich hier um Einzelfälle; zudem um Sparkassen in Großstädten, innerhalb derer für die Liquidität stets besser gesorgt worden ist, als in den ländlichen Bezirken. Ebensowenig konnte nach Meinung der Regierung darauf hingewiesen werden, daß die Sparkassen Preußens bereits in drei Kriegen den Besitz der erforderlichen Liquidität erwiesen hätten, denn die gemeinten Kriege nahmen einen verhältnismäßig schnellen und vor allem von Anfang an glücklichen Verlauf, wie er nicht immer einzutreten braucht. Ferner aber hat das Sparkassenwesen inzwischen einen Umfang angenommen, der den vom Jahre 1870 etwa um das 20-fache übersteigt. Das Sparkassenwesen nimmt inzwischen in der Volkswirtschaft eine wesentlich größere Rolle ein als damals, die Anforderungen an sofortige Liquidität der Kassen würden heute unverhältnismäßig höhere sein als vor 40 oder 50 Jahren. Eine Bereitschaft für außerordentliche Notfälle in derart kritischen Zeiten würden sich die Sparkassen nach der Begründung des Regierungsentwurfes nur durch einen genügenden Bestand lombardfähiger Wertpapiere sichern können, unter denen die Reichs- und Staatsanleihen an erster Stelle kämen.

Zum Schlusse ging die Begründung des Regierungsentwurfs auf den Umfang ein, welchen der gesetzlich festzulegende Anlagezwang am besten anzunehmen hätte, sowie auf die Wirkungen, welche der gesetzlich zu statuierende Zwang praktisch auf den Betrieb der einzelnen Sparkassen voraussichtlich ausüben würde.

Der Entwurf sah ursprünglich eine gleichmäßige Behandlung aller Sparkassen vor und setzte in § 1 fest, daß die öffentlichen Sparkassen Mindestbeträge von 20 bis 30 Proz. ihres verzinslich angelegten Vermögens in Schuldverschreibungen auf den Inhaber anlegen sollten. Man wählte diesen Satz, weil bei Erörterung des Gesetzentwurfes vom Jahre 1906 der damals geforderte Mindestbetrag von 30 Proz. als zu hoch empfunden worden war und die Grundlage für einen Teil der Gegnerschaft des Gesetzes gebildet hatte. Mangels einer statutenmäßigen Festsetzung sollten nach dem Regierungsentwurfe 25 Proz. als vorgeschriebener Prozentsatz angenommen werden.

Die Regierung strebte mit diesem Vorschlage eine gewisse Gleichmäßigkeit in der Behandlung der großen und kleinen Sparkassen an; sie wies ferner statistisch nach, daß mit Statuierung dieser Prozentsätze bei dem größten Teile der Kassen, vor allem den großstädtischen Kassen und den Kassen der östlichen Provinzen eine wesentliche Veränderung des Geschäftsgebahrens in Sachen der Anlegung der Sparkasseneinlagen nicht herbeigeführt werden würde, da ja von diesen Kassen die Mehrzahl sowieso bereits freiwillig den gesetzlich zu stellenden Anforderungen genügte. Von praktischer Wirkung würde das Gesetz nur auf den Betrieb der Sparkassen Schleswig-Holsteins, Hannovers, Westfalens und der Rheinprovinz gewesen sein, da bei diesen, wie oben nachgewiesen, der Inhaberpapierbesitz allgemein bei weitem unter dem Durchschnitte der im Gesetze gestellten Anforderungen geblieben war.

Das notwendige Maß von Bewegungsfreiheit sollte den

Kassen durch die Möglichkeit der freien Wahl des Prozentsatzes zwischen 20 und 30 gesichert werden. Im einzelnen sollten nach § 4 des Gesetzes die Oberpräsidenten als Provinzialaufsichtsbehörden die Berechtigung erlangen, unter besonderen Verhältnissen ausnahmsweise Sparkassen Erleichterungen von den Auflagen des Gesetzes nachzulassen, wenn dies zur Befriedigung des in ihrem Garantiebezirk von ihnen zu deckenden Kreditbedürfnisses erforderlich gewesen wäre und ohne wesentliche Beeinträchtigung der Liquidität der betreffenden Kasse hätte geschehen können.

Die Regierung lehnte sich übrigens bei der Wahl der von ihr bestimmten Prozentsätze an die Anforderungen an, welche in den anderen größeren außerpreußischen Bundesstaaten an die öffentlichen Sparkassen gestellt wurden. So hat das Kgl. sächsische Ministerium durch Anweisung vom 2. August 1906 vorgeschrieben, daß alle öffentlichen Sparkassen mindestens 25 Proz., ausnahmsweise mit Genehmigung des Ministeriums 20 Proz., ihres verzinslich angelegten Vermögens in mündelsicheren Inhaberpapieren anzulegen haben. In Bayern ist durch die Grundbestimmungen für die öffentlichen Sparkassen vom 1. Juli 1911 in § 98 festgesetzt, daß mindestens der vierte Teil des Gesamtvermögens der Sparkassen in gesetzlichen Zahlungsmitteln oder in leicht flüssiger Weise angelegt sein muß, und daß insbesondere Sparkassen, deren Geldanlagen in Hypotheken 50 Proz. des Gesamtvermögens nicht übersteigen dürfen, mindestens 20 Proz., die übrigen Sparkassen, d. h. diejenigen mit vorwiegend landwirtschaftlicher Bevölkerung, mindestens 15 Proz. des Gesamtvermögens in Forderungen gegen den bayerischen Staat, die übrigen Bundesstaaten oder das Reich anzulegen haben.

Eine tiefere Grenze zu wählen erschien der Regierung untunlich, da bei der Lombardierung der hier in Betracht kommenden Wertpapiere die Reichsbank gesetzlich nur bis $^3/_4$ des Kurswertes (§ 13 Ziffer 3b des RBankG. vom 14. März 1875, RGBl. S. 177) beleihen darf. Da in den Zeiten einer ernsten allgemeinen Krise aber mit einem wenigstens zeitweiligen Weichen der Kurse gerechnet werden muß, so erschien es wahrscheinlich, daß alsdann aus dem Besitz von 20 Proz. Wertpapieren unter Umständen nicht mehr als 10 Proz. des verzinslich angelegten Vermögens der Kassen im Wege der Lombardierung würden flüssig gemacht werden können.

Nach § 2 des Entwurfes wurde bereits vorgesehen, daß von dem nach § 1 zu haltenden Mindestbestande an mündelsicheren Schuldverschreibungen auf den Inhaber $^3/_5$ in Schuldverschreibungen des Deutschen Reiches oder Preußens angelegt werden mußten.

Von wesentlichem Bedenken gegen das Gesetz hob der Gesetzentwurf noch die Gefahr des Kursverlustes hervor, auf welche unten bei Besprechung der Behandlung des Gesetzentwurfes in den beiden Häusern des Landtages noch näher eingegangen werden soll.

Der Gesetzentwurf, welcher vom Minister des Innern bearbeitet und von ihm gemeinschaftlich mit dem Finanzminister gezeichnet worden war, ging auf Grund Allerhöchster Ermächtigung vom 21. Februar 1912 dem Präsidenten des Herrenhauses zu und wurde von diesem der Finanzkommission zur Vorbereitung überwiesen. Die Kommission bestand aus 16 Herren, dem Grafen von Zieten-Schwerin als Vorsitzendem, dem Grafen York von Wartenburg als Berichterstatter, von Becker, Delbrück, Funck, Dr. Hillebrandt, Dr. Kirschner, Dr. Freiherr Lucius von Ballhausen, Graf von Pückler-Burghaus, Graf von Reichenbach-Koschütz, Graf von Roon, Graf von Seidlitz-Sandreczki, Tramm und Dr. Wagner. Seitens der Kgl. Staatsregierung nahmen an den Kommissionsberatungen teil vom Finanzministerium Minister Dr. Lentze, Ministerialdirektor Halle, Geh. Finanzrat Dr. Schroeder sowie der Präsident der Seehandlung von Dombois; vom Ministerium des Innern der Unterstaatssekretär Holtz und die Geheimräte Dr. von Herrmann und Hermes. Der Bericht der Kommission wurde am 23. März 1912 festgestellt (Drucksache Nr. 38, Session 1912). Die Beratung des Gesetzentwurfes im Plenum des Herrenhauses fand am 27. März 1912 statt. An der Generaldiskussion beteiligten sich außer dem Herrn Berichterstatter im befürwortenden Sinne die Herren Freiherr von Rheinbaben und von Gwinner, im ablehnenden Sinne die Herren Graf zu Rantzau, Dr. Wachler, Graf Grote, Dr. Wagner, Dr. Bender und Dr. Neuber. Seitens der Kgl. Staatsregierung griffen die Minister Dr. Lentze und von Dallwitz sowie Präsident von Dombois in die Debatte ein. An der Spezialdiskussion beteiligten sich außer den genannten Herren noch die Herren Stadtdirektor Tramm, Graf von Zedlitz und Trütschler, Graf von Behr-Behrendorff, von Alvensleben-Wittenmoor und Graf von der Schulenburg-Grünthal.

Der Gesetzentwurf wurde sodann mit großer Mehrheit mit einigen kleinen Abänderungen vom Herrenhause angenommen und in der abgeänderten Form am 27. März 1913 dem Abgeordnetenhause zur Beratung überwiesen.

Dortselbst fand die erste Lesung des Gesetzes in der 54. und 55. Sitzung des Jahres 1912 am 23. und 24. April 1912 statt und schloß mit der Überweisung des Gesetzes an eine Kommission von 21 Mitgliedern. Die gesamten in der Plenarsitzung zu Worte kommenden Redner äußerten sich im wesentlichen zurückhaltend und verwiesen auf die Kommissionsberatung als dasjenige Mittel, mit dessen

Hilfe man Härten und Mängel des Gesetzes beseitigen könne. Von vornherein stellte sich jedoch heraus, daß die großen Parteien des Hauses in sich nicht geschlossen für oder gegen das Gesetz einzutreten gedachten, sondern daß eine Teilung der Stimmen auch innerhalb der Parteien stattfinden würde. Im wesentlichen für das Gesetz sprachen die Herren Dr. Schroeder (Kassel, nat.-lib.), von Hennigs-Techlin (kons.), Freiherr von Loë (Ztr.), Stenger (nat.-lib.); ablehnend äußerten sich die Abgeordneten Leinert (Soz.), von Trampczynski (Pole), Dr. von Kries (kons.) und Reinhardt (Ztr.). Für die Überweisung an die Kommission traten sodann unter mehr oder weniger scharfer Hervorhebung der gegen das Gesetz sprechenden Bedenken die Herren von Kardorff (freikons.), Dr. Crüger (Hagen, fortschr. VP.) und Dr. Engelbrecht (freikons.) ein. Seitens der Regierung beteiligten sich an der Beratung die Minister von Dallwitz und Dr. Lentze.

Die Kommission des Abgeordnetenhauses bestand aus 21 Mitgliedern, nämlich dem Abgeordneten Winkler als Vorsitzendem, Bartscher, Dr. Crüger (Hagen), Dr. Görck, Hammer, von Hassel, Dr. Iderhoff, Kuhn (Ahrweiler), Kurzawski, Meyenschein, Mommsen, Müller (Prüm), Peters, Reinhard, Dr. Schroeder (Kassel), Tourneau, Tuercke, Weißermel, Dr. Wolff-Gorki. Als Berichterstatter fungierte zunächst der Abgeordnete Klußmann und alsdann der Abgeordnete von Kardorff.

Der Bericht der Kommission (niedergelegt in der Drucksache Nr. 256 der 21. Legislaturperiode, V. Session, 1912 zu 1913) wurde am 28. Juni 1912 fertiggestellt, so daß die 2. Beratung im Plenum am 29. und 30. Oktober 1912 in der 88. und 89. Sitzung des Hauses der Abgeordneten vor sich gehen konnte. Auch in dieser Beratung hielt die oben erwähnte Teilung der Parteien an. Es sprachen für die nunmehrige Kommissionsvorlage die Abgeordneten von Hassel (kons.), Dr. Iberhoff und Dr. von Kardorff (freikons.), Dr. Schroeder (nat.-lib.) und Mommsen (fortschr. VP.); gegen die Kommissionsvorlage sprachen die Abgeordneten Reinhard (Ztr.), Dr. Faßbender (Ztr.), Wamhoff (nat.-lib.), Dr. Arendt (freikons.), Waldstein (fortschr. VP.), Kurzawski (Pole) und Leinert (Soz.). An der Spezialdiskussion beteiligten sich im wesentlichen dieselben Abgeordneten. Die Beratung endete schließlich mit der Annahme des Gesetzes, ebenso wie die in der 93. Sitzung vom 11. November 1912 stattfindende 3. Lesung, an welchem sich wiederum seitens der einzelnen Parteien die schon genannten Abgeordneten beteiligten. Von wesentlichem Einfluß für die Annahme des Gesetzes war der weiter unten noch näher zu besprechende Antrag Winkler und Gen.

Die wesentlichen Abänderungen, welche sowohl die Kommissionsberatung, als auch die Plenarlesung der Regierungsvorlage im Abgeordnetenhause hatten widerfahren lassen, benötigten eine neue Beratung des umgestalteten Gesetzentwurfes im Herrenhause. Diese fand in der 18. Sitzung des Herrenhauses vom 27. November 1912 statt, in welcher sich im wesentlichen wiederum diejenigen Mitglieder des Hauses beteiligten, welche schon in der ersten Beratung das Wort ergriffen hatten. Der von den Rednern eingenommene Standpunkt war nunmehr durchweg ein befürwortender, oder wenigstens ein solcher, daß man sich mit den Beschlüssen des Abgeordnetenhauses abfinden zu müssen glaubte, und der Hoffnung Ausdruck gab, daß rücksichtsvolle Verwaltungsmaßnahmen etwaige Härten zu mildern geeignet seien würden. Das Haus stimmte im Ergebnis den Beschlüssen des Abgeordnetenhauses zu, so daß die Gesetzesvorlage am 23. Dezember 1912 die Kgl.

Sanktion erhalten konnte. Als Zeitpunkt des Inkrafttretens des Gesetzes wurde der 1. Januar 1913 angesetzt. Die im § 8 Abs. 2 des Gesetzes dem Minister des Innern übertragene Ausführung des Gesetzes geschah durch Erlaß des Ministers des Innern vom 8. Mai 1913.

Von den Gesichtspunkten, die während der verschiedenen Kommissions- und Plenarberatungen des Gesetzes in die Erscheinung traten, seien hier in Kürze die folgenden als die wichtigsten hervorgehoben:

Fast allgemein verurteilte man einen logischen Fehler, den die Regierung in der Begründung der Vorlage sich zuschulden kommen gelassen hatte. Es war gesagt worden, daß die Sparkassen mit Rücksicht auf das ihnen verliehene Privileg der Mündelsicherheit eine moralische Verpflichtung hätten, an einer Hebung des Kurses der Reichs- und Staatspapiere mitzuwirken. Es wäre ein vom Staate gebrachtes Opfer gewesen, das Privileg der Mündelsicherheit nicht nur für die von ihm selbst ausgegebenen Papiere in Anspruch zu nehmen, sondern es auch auf andere Wertobjekte, die Kommunalanleihen, Pfandbriefe und Sparkassenanlagen auszudehnen. Die Meinung der Regierung ging dahin, daß die Sparkassen für dieses Opfer dem Staate eine Gegenleistung zu bringen hätten, die in einer Pflicht zur verstärkten Abnahme der Staatspapiere bestände. Dem wurde entgegengehalten, daß die Mündelsicherheit, die der Staat den Sparkassenanlagen verliehen hätte, gar nicht die Voraussetzung für die Beliebtheit der Sparkassen beim sparenden Publikum sei. Im Gegenteil die Sicherheit, welche die Sparkassen durch ihre besonnene Geschäftsführung und die Solidität ihrer Anlagen böten, sei gerade der Grund gewesen, aus dem der Staat den Sparkassen das Privileg der Mündelsicherheit verliehen hätte.

Von vielen Seiten wurde das Gesetz sodann als ein ungerechtfertigter Eingriff in die Selbstverwaltung empfunden. Nirgends in der Gesetzgebung seien Vorschriften darüber zu finden, in welcher Weise die Kommunalverwaltungskörper über ihre eigenen und die ihnen anvertrauten Vermögensbestände zu verfügen hätten. Hier zum ersten Male träte ein nach dieser Richtung sich geltend machender Zwang in der Gesetzgebung in die Erscheinung; und es sei schon aus prinzipiellen Gründen bedenklich, einen solchen Schritt zu tun. Dieser Schritt werde aber auch in keiner Weise durch das während der Dauer von langen Jahrzehnten seitens der Sparkassen beobachtete Geschäftsgebahren gerechtfertigt. Die Verwaltung sei überall eine gleichmäßig gute gewesen, so daß die Sparkassen überhaupt die größten Geldreservoirs im Staate geworden seien. Sie trügen auch sowieso schon seit langem in gebührender Weise zur Abnahme der auf den Geldmarkt geworfenen Reichs- und Staatspapiere bei, da sie sowieso bereits 25 Proz. Effekten besäßen. Der durch das Gesetz beabsichtigte, überall die Verwaltung der Sparkassen an einen einheitlichen Grundsatz bindende Eingriff würde sodann zur Folge haben, daß die bisherige, die jeweiligen örtlichen Verhältnisse feinfühlend berücksichtigende Verwaltung der einzelnen Sparkassen in ihrer Tätigkeit eingeengt und behindert werden würde.

Mit ganz besonderer Energie sprachen sich während aller Beratungen gerade die Vertreter der Provinz Schleswig-Holstein aus diesem Grunde gegen die nivellierende Gleichmacherei des Gesetzes aus. Dortselbst befinden sich seit mehr als 100 Jahren Sparkassen auf dem platten Lande, in den Landgemeinden, in den kleineren und in den größeren Städten, die in den letzten 100 Jahren niemals erhebliche Krisen erlebt hätten und bis zur Gegenwart außerordentlich florieren, obwohl sie von allen Sparkassen der Monarchie den vom Gesetzentwurf geforderten Vorschriften wohl am wenigsten entsprechen. Sie gewähren ihren Einlegern 4—4$^{1}/_{2}$ Proz. und befriedigen den Hypothekarkredit, den Personalkredit und den Kontokorrent-Verkehr ihrer näheren Umgebung in einer allen Anforderungen gerecht werdenden Weise. Die durch die umfangreichen Hypothekenanlagen der Spargelder erzielten Überschüsse sind so groß, daß sie $^{1}/_{2}$ Proz. derselben für gemeinnützige Zwecke verwenden können. So sind im Jahre 1909 814000 M. von den öffentlichen Sparkassen Schleswig-Holsteins für Wohltätigkeitszwecke verwendet worden, z. B. als Beiträge für Knaben- und Mädchenhortvereine, Frauenvereine, städtische Bücherhallen, Sanitätskolonnen, Blaues Kreuz, Guttempler-Loge, Fortbildungsschulen, Ferienkolonien usw. Die durch das Gesetz zweifellos herbeigeführte Verringerung der Zinseinnahme würde eine wesentliche Herabsetzung dieser für Wohltätigkeitszwecke verwandten Beiträge zur Folge haben müssen.

Außer dem Eingriff in die Selbstverwaltung wurde noch eine Reihe schwerwiegender Schädigungen der allgemeinen Interessen als nachteilige Folge des Gesetzes angeführt. Es war nicht nur der sozialdemokratische Abgeordnete Leinert, sondern ganz besonders der Senior der Deutschen Volkswirtschaft, Exzellenz Wagner, der darauf hinwies, daß die durch das Gesetz herbeigeführte Minderung der Zinseinnahme eine Schädigung der kleinen Leute des Volkes bedeuten würde. Es ist allgemein bekannt, daß das Gros der Sparkassenbestände durch die Einlagen der kleinen Sparer zusammenfließt, weil diese nicht in der Lage sind, größere Beträge bei den Banken anzulegen. Der zu gewärtigende Zinsverlust müßte nach Wagners Ansicht auch die Verzinsung der Depositen herabdrücken.

Bisher wurde der hohe Zins der Sparkassendepositen erzielt durch die hohe Verzinsung, welche dem von den Sparkassen in so umfangreichem Maße gewährten Hypothekarkredit zuteil wurde. Wenn nun das Gesetz eine Einschränkung der Hypothekenanlagen der Sparkassengelder zugunsten ihres Effektenbestandes beabsichtigte, so sei, wie weiter hervorgehoben wurde, zu befürchten, daß die Einlagen bei den Sparkassen geringer würden, denn alle diejenigen Leute, welche eine hohe Verzinsung ihres Vermögens benötigten, würden infolge der Herabsetzung des Sparkassenzinsfußes ihr Geld in anderweitigen, höheren Zins tragenden Werten, womöglich in Spekulationspapieren, anlegen. In einer fast vorwurfsvollen Weise wurde dieses einem Befürworter des Gesetzes, nämlich dem Generaldirektor der Deutschen Bank, von Gwinner, vorgehalten, indem zum Ausdruck gebracht wurde, daß seine dem Gesetz günstige Meinung nicht zum mindesten von einer gewissen Fürsorge für die von ihm vertretenen Bankinteressen getragen würde. Man gab also der Befürchtung Ausdruck, daß das Gesetz einen Rückgang der Sparkasseneinlagen überhaupt und eine gleichzeitige Verschiebung der Anlagen von den Sparkassen zu den Banken und anderen Instituten zur Folge haben würde.

Wenn hier noch kurz darauf hingewiesen wird, daß die Hälfte aller preußischen Sparkassen sowieso den vom Gesetz geforderten Effektenbestand aufweist, und daß man bei den Beratungen deswegen eine gewisse Überflüssigkeit bzw. eine dem Gesetz innewohnende Neigung zur Theorie nachsagte, und wenn man ferner daran erinnert, daß die beabsichtigte Beschränkung der Hypothekenanlagen der Sparkassen auf den sowieso darniederliegenden Baugeldmarkt drücken würde, so sind damit die untergeordneteren Bedenken, die gegen das Gesetz bestehen, im wesentlichen erschöpft.

Das wesentlichste Hindernis, das der Annahme des Gesetzes im Wege stand, ist in der Befürchtung zu erblicken, daß bei Annahme des Gesetzes aus dem Kursverlust der Anlagepapiere für die Sparkassen sich ein dauernder großer Schaden ergeben könnte. Man argumentierte in folgender Weise:

Nach dem Gesetzentwurf sollten die Sparkassen im Endeffekte etwa $^1/_4$ ihrer Anlagen in Staats- und Kommunalpapieren anlegen. Da diese nun den jeweiligen Gefahren eines Kursrückganges, um nicht zu sagen Kurssturzes, ausgesetzt seien, sei die Folge die, daß die Sparkassen zu einem erheblichen Teil an den Vermögensverlusten, die in dem Kursrückgang der Anlagepapiere beständen, partizipierten. Man wies darauf hin, daß die Sparkassen im Laufe der letzten Jahre sowieso bereits im ganzen rund 150000000 M. durch Kursverluste verloren hätten. Ein Zwang, die Hypothekenanlagen der Sparkassen zu verringern zugunsten der Effektenbestände, würde mithin diese Gefahr noch vergrößern.

Es ist nicht zu leugnen, daß an dieser Stelle das schwerwiegendste Bedenken gegen das Gesetz liegt. Die im Eingange dieser Abhandlung niedergelegte Darlegung über die Gründe des Kursrückganges der Staatspapiere läßt erkennen, daß auch für die Folgezeit mit der Gefahr eines solchen erheblich gerechnet werden muß. Insbesondere besteht diese Gefahr bei den preußischen Konsols, bei denen die Ausgabe und Einlösung zu Pari nicht gewährleistet ist. Man verlangte daher für den Fall der Annahme des Gesetzes die Ausgabe eines Staatspapieres, bei welchem diese Gefahr nicht bestand. Demgegenüber konnten die Regierungsvertreter und Befürworter des Gesetzes auf die Reichs- und Staatsschatzanweisungen hinweisen, welche zum Kurse von Pari ausgegeben und eingelöst werden. In diesen Papieren beständen bereits Anlagewerte, bei denen die Gefahr des Kursverlustes nicht vorhanden wäre, um so weniger als bei diesen Schatzanweisungen für Reich und Staat eine starke Amortisationspflicht besteht, deren Erfüllung notwendigerweise eine Gleichmäßigkeit des Kurses dieser Papiere gewährleistet. Die Sorge, daß Schatzanweisungen nicht jeweilig in genügender Zahl auf dem Markte wären, wurde von dem Finanzminister durch zutreffenden Hinweis auf die Zahl der im Umlauf befindlichen Papiere dieser Gattung beseitigt. Die Notwendigkeit der kurzfristigen Einlösung dieser Papiere begründet des weiteren zwar für die Sparkassen die Pflicht, den tatsächlichen Bestand ihrer Papiere dieser Art von Zeit zu Zeit an die Reichs- und Staatskasse wieder abzuführen. Indessen ist bekannt, daß bei Einlösung einer Serie von Schatzanweisungen alsbald die Ausgabe einer neuen Serie erfolgt, so daß der Markt stets mit einem genügenden Vorrat von Schatzanweisungen versorgt ist. Bei dem allerdings für die Sparkassen des öfteren erforderlichen Umtausch ihres Bestandes an Schatzanweisungen erwächst übrigens für sie noch ein weiterer Vorteil dadurch, daß bei einem Umtausche demjenigen, welcher seinen Bestand an Anweisungen zurückzahlt unter gleichzeitiger Übernahme eines gewissen Bestandes der neuausgegebenen Serie, eine nicht unerhebliche Bonifikation gewährt wird.

Im übrigen waren sowohl im Herrenhause, als auch im Abgeordnetenhause die Referenten eifrig bemüht, nach Vorschlägen zu suchen, welche die Gefahr des Kursverlustes beseitigen sollten. Insbesondere sei hier ein, in den Beratungen des Abgeordnetenhauses in die Erscheinung getretener Vorschlag erwähnt, welcher auf den Vorsitzenden des Deutschen Sparkassenverbandes, Reichstagsabgeordneten Justizrat Götting (Hildesheim), zurückzuführen ist. Herr Götting stand, wie die Vertreter der kommunalen

Sparkassen, überhaupt auf einem das Gesetz ablehnenden Standpunkt. Er hat seiner Meinung in dem Organ der deutschen Sparkassen, der „Sparkasse", wiederholt ausführlich Ausdruck gegeben. (Vgl. hierzu die unten zu dem Gesetzentwurf angeführte Literatur.) Nach diesem Vorschlage sollten die öffentlichen Sparkassen ohne Rücksicht auf ihre bisherigen Bestände vom 1. Januar 1913 an 20 Proz. ihres Zuwachses an Einlagen der Königlichen Seehandlung abzuliefern verpflichtet sein zur Anlegung im Reichs- oder Staatsschuldbuche je nach Wahl der Sparkassen. Die Anlegung sollte auf eine neue, nur für die Sparkassen bestimmte Art gegen Rückgewähr zum Parikurse und Verzinsung zu 4 Proz. erfolgen. Falls die $3^1/_2$-proz. Reichs- und preußische Staatsanleihe länger als ein Jahr den Kurs von 100 Proz. erreicht und ununterbrochen gehalten haben würde, sollten Reich und Staat befugt sein, den Zinssatz vom 1. Januar des Jahres an, welches den Kurs zu Anfang des Jahres zeigt, auf $3^1/_2$ Proz. herabzusetzen. Der Zwang zur Anlegung sollte dauern, bis 10 Proz. des Vermögens der Sparkasse in dieser Anlegungsart erreicht seien. Einzahlungen über 10 Proz. hinaus sollten in gleicher Weise behandelt werden, aber mit einjähriger Frist kündbar sein. Die Einzahlungen bis 10 Proz. des Vermögens sollten unkündbar sein. Nur im Falle des Krieges sollten 75 Proz. des angelegten Betrages zurückgezahlt werden und zwar in den für diesen Fall auszugebenden Reichsdarlehnsscheinen.

Die Verpflichtung des Reiches oder Staates zur Rückgewähr zum Parikurse würde die Loslösung der Zwangsanlegungen von dem Kurse der Staatspapiere bewirken, ohne Verlust für die Sparkassen und ohne Schaden für das Reich und den Staat, bei dem die Beträge unkündbar stehenblieben. Mit den großen Mengen des zuströmenden

Geldes können aber Reich und Staat die unter 100 Proz. gesunkenen Papiere, namentlich die $3^1/_2$-proz. und 3-proz. mit großem Nutzen und günstigem Erfolge für die Kurse aufkaufen.

Wenngleich diese Bestimmungen in den parlamentarischen Körperschaften nicht zur Annahme gelangten, verschlossen diese sich nicht der Einsicht, daß der Gefahr des Kursverlustes vorgebeugt werden müßte. Insbesondere gelangte im Abgeordnetenhause eine Resolution zur Annahme, „die Kgl. Staatsregierung zu ersuchen, möglichst noch in der laufenden Session einen Gesetzentwurf vorzulegen, durch welchen die öffentlichen Sparkassen gegen das Kursrisiko tunlichst sichergestellt würden, das ihnen der Zwangsbestand an Inhaberpapieren aufbürde. Es waren insbesondere die Abgeordneten Winkler (kons.) und Waldstein (fortschr. VP.), welche sich um die Annahme dieser Resolution verdient machten.

Was die beiden mit dem Gesetzentwurf verfolgten Ziele betrifft, so wurden des ersteren in den Beratungen Zweifel geäußert, ob die beabsichtigte Maßnahme geeignet wäre, die Kurse der Reichs- und Staatsanleihen zu heben. Vorwiegend waren es im Herrenhause Dr. Wachler und Exzellenz Wagner, die in dieser Richtung lichtvolle Ausführungen machten. Man wies vor allen Dingen auf den Zusammenhang der Staatspapierkurse mit dem Diskont, d. h. dem landesüblichen Zinsfuß hin. Es sei eine bedauerliche Erscheinung des Wirtschaftslebens der letzten Jahre gewesen, daß das Geld in Deutschland nur zu einem ungewöhnlich hohen Zinsfuße zu erhalten war. Dies hänge zusammen mit der großen Anspannung des Bedarfs nach Geld, welcher zurückzuführen ist auf die ungeheuer intensive Industrie und die Nachfrage nach Geld, welche durch die allseitige Teuerung einerseits und die weitgehende

Verschuldung, insbesondere der Landwirtschaft, andererseits zu erklären ist. Dieser Geldbedarf hat zur Folge, daß die Nachfrage nach den festverzinslichen, als sichere Kapitalanlage dienenden Staatspapieren sinkt. Diese Erscheinung, so meinten die Gegner des Gesetzes, würde durch künstliche Mittel nicht zu beseitigen sein. Die Anwendung solcher Mittel würde, so folgerte man weiter, sogar eine Beunruhigung der Bevölkerung bezüglich des Wertes und der Sicherheit der Staatspapiere zur Folge haben, und würde alsdann diejenigen Kapitalisten, welche eine Anlage von Geldern in festverzinslichen Werten wünschten, dem Auslande in die Arme treiben. Man wies auch darauf hin, daß selbst die französische Rente, zu deren Gunsten für die französischen Sparkassen ein dem vorliegenden Gesetz entsprechender Anlagezwang besteht, trotz dieses Anlagezwangs einen Rückgang zu verzeichnen gehabt hatte.

Es mutete daher fast wie ein Rückzug an, wenn die Regierungsvertreter erklärten, man beabsichtige mit dem Gesetz weniger eine Hebung der Kurse der Staatspapiere, als ihre Stabilisierung, zu deren Herbeiführung das Gesetz in Verbindung mit dem gegen die Feuer- und Lebensversicherungsanstalten usw. bestehenden Bestimmungen immerhin noch geeignet wäre, zumal der gegen diese sämtlichen Anstalten bestehende Anlagezwang dem Reich und dem Staat nach überschlägiger Berechnung einen jährlichen Kundenkreis für einen Betrag von 100000000 M. sicherte.

In der Frage der Liquidität, welche seitens der Regierungsvertreter im Gegensatz zu dem Gesetzentwurf vom Jahre 1906 in den Vordergrund geschoben wurde, bezweifelte man überhaupt, daß das Gesetz praktischen Wert haben würde. Zwar herrschte in beiden Häusern in Übereinstimmung mit der überwiegenden Meinung orientierter Bankkreise darüber kein Zweifel, daß im Falle eines Krieges eine Beleihung von Hypotheken im umfangreichen Maßstabe so gut wie ausgeschlossen sei, denn die bei einer Hypothek bestehende ausschließliche Haftung eines einzigen der vollständigsten Devastation ausgesetzten Vermögensobjektes mache die Realisierung einer Hypothek so gut wie unmöglich. Für die Reichs- und Staatsanleihen würden sich aber im Kriegsfalle — und für einen solchen wollte die Regierung durch Herstellung der größtmöglichen finanziellen Kriegsbereitschaft vorsorgen — Käufer so leicht auch nicht finden; denn das große Publikum würde im weitesten Umfange genötigt sein, seinen Besitz an Staatspapieren auf den Markt zu werfen. Man braucht nur an den Geldbedarf zu denken, welcher in diesem Falle bei den zur Fahne eingezogenen Reservisten und Landwehrmännern und deren im Lande verbleibenden Familien auftreten muß, um sich klar zu machen, daß im Publikum, abgesehen von einzelnen Spekulanten, welche die Staatspapiere nur zu billigen Kursen zu kaufen Neigungen haben würden, eine irgendwie in Betracht kommende Kauflust nicht bestehen kann. Als Käufer kann im Kriegsfalle in beträchtlicher Weise vielmehr lediglich die Reichsbank in Frage kommen. Für diese aber sind kraft Gesetzes die Grenzen für den Ankauf von Staatspapieren verhältnismäßig eng gezogen.

Somit bleibt als einziges Mittel zur Realisierung der effektenmäßigen Sparkassenanlagen im Falle des Krieges lediglich die Lombardierung der Staatspapiere übrig, und ob diese in genügendem Maßstabe vor sich gehen wird, ist ebenfalls zweifelhaft, weil auf die Dauer seitens der Sparkassen der Lombardzins nicht aufgebracht werden kann. Infolgedessen wird die Lombardierung nur ein vorübergehendes Mittel zur Realisierung der Effektenbestände sein und es wird doch alsbald der Verkauf der Papiere stattfinden müssen. Demgegenüber wies der Präsident der Seehandlung von Dombois darauf hin, daß die Reichsbank für den Kriegsfall schon von langer Hand zur Lombardierung der Staatspapiere angewiesen sei. Habe doch das Reichsbank-Direktorium auf eine diesbezügliche Anfrage einer Sparkasse ausdrücklich erklärt, daß im Kriegsfalle die Sparkassen auf die Hilfe der Reichsbank durchaus rechnen könnten, wenn sie über lombardfähige Effekten, insbesondere Reichs- und Staatsschuldverschreibungen einschließlich von Schuldbuchforderungen in einem Wertbetrage verfügte, wie er zur Annahme des voraussichtlichen Geldbedarfs im Lombardwege erforderlich sei. Diese Erklärung der maßgebendsten Stelle war es denn auch, welche die Mehrheit beider Häuser des Landtages veranlaßte, die Bedenken gegen die Zweckmäßigkeit des Gesetzes in der Frage der Herbeiführung der notwendigen Liquidität der Sparkassen fallen zu lassen, so daß der Gesetzentwurf schließlich mit einer erheblichen Mehrheit zur Annahme gelangte.

Von besonderer Bedeutung für diese Annahme war, wenigstens soweit das Abgeordnetenhaus in Betracht kam, ein seitens der Abgeordneten Winkler, Dr. Schroeder (Kassel), von Kardorff und Mommsen während der zweiten Beratung des Gesetzentwurfes im Abgeordnetenhause eingebrachter Antrag, der hier sowie in der folgenden Erläuterung des Gesetzes der Kürze halber als Antrag Winkler bezeichnet sei.

Dieser Antrag ging bezüglich der Fassung des § 1 des Gesetzes wörtlich und bezüglich des § 7 im wesentlichen in das Gesetz selbst über. Er schuf im Gegensatz zu der ursprünglichen Regierungsvorlage, welche hinsichtlich der einzelnen Sparkassen und ihres Umfanges einen Unterschied nicht machte, eine Abstufung in drei Größenklassen, indem er die Sparkassen nach ihren Anlagebeständen unterschied. Denn es sollten bei Sparkassen mit einem Einlagebestande von höchstens 5000000 M. nur 15 Proz. der Einlagebestände in Inhaberpapieren angelegt werden, bei Sparkassen bis höchstens 10000000 M. Einlagebeständen 20 Proz. und bei den übrigen 25 Proz. Damit wurde der ursprünglichen Gleichmacherei abgeholfen, ohne daß die Absicht der Regierung, einen genügend großen Abnehmerkreis zu schaffen, vereitelt wurde. § 7, welcher von der Verwendung der Überschüsse der Sparkassen handelt, erhielt dagegen unter Zugrundelegung des Antrages Winkler eine Fassung, welche eine verhältnismäßig weitgehende Mehrheit für das Gesetz im Abgeordnetenhaus zustande kommen ließ. Im einzelnen soll auf die für das Gesetz weittragende Bedeutung des Antrags Winkler an den in Betracht kommenden Stellen des Kommentars hingewiesen werden.

In den Interessentenkreisen, vor allen Dingen bei den städtischen Sparkassen und ihrer mit den städtischen Verwaltungen zusammenfallenden Vertretung fand das Gesetz aus den oben erörterten Gründen eine durchweg ungünstige Aufnahme. Insbesondere äußerten sich die Sparkassenvertreter auf den in der in Betracht kommenden Zeit stattfindenden Städtetagen und Sparkassentagen ablehnend. Um einzelne derartige Meinungsäußerungen zu nennen, sei hier hingewiesen auf den Vortrag des Landrats Dr. von Beckerrath (Düsseldorf) auf dem Rheinisch-Westfälischen Sparkassentage vom August 1912, abgedruckt in der „Sparkasse“ vom 1. September 1912, und die im Anschluß an diesen Vortrag stattgehabte ebendort abgedruckte Diskussion. Literarisch äußerten sich ebenfalls über das Gesetz und die von ihm verfolgte Tendenz vor allen Dingen die folgenden:

Bürgermeister Weißenborn (Halberstadt), „Die Anleihekurse und die Sparkassen“, in „Die Sparkasse“, Heft 718, 1912.

Derselbe, „Die Begründung zum Gesetzentwurfe betreffend die Anlegung von Sparkassenüberschüssen in Inhaberpapieren“, ebendaselbst Heft 721, 1912.

„Das Preußische Zwangsgesetz zur Erwerbung von Inhaberpapieren“, in „Die Sparkasse“, Heft 722, 1912.

L. Götting, „Das Preußische Anlegungsgesetz“, ebendort Heft 724, 1912.

Ohms (Walsrode), „Das Preußische Anlegungsgesetz“, ebendort Heft 736, 1912.

Götting, „Ein letztes Wort zum Preußischen Anlegungsgesetz“, ebendort Heft 736, 1912.

Dr. Schütze, „Die Sparkassen der Stadtkreise in dem Gesetzentwurf betreffend die Anlegung von Sparkassenbeständen in Inhaberpapieren“, ebendort Heft 736, 1912.

Hetzer, „Das Gesetz vom 23. Dezember 1912 betreffend die Anlegung von Sparkassenbeständen in Inhaberpapieren“, ebendort Heft 743, 1913.

Was die zu erwartende Bedeutung des Gesetzes betrifft, so ist wohl anzunehmen, daß von beiden Seiten sowohl die Besorgnisse als auch die Erwartungen, die gehegt wurden, übertrieben worden sind. Schon während der Beratungen des Gesetzes ergab sich, daß bei den östlichen Sparkassen der geforderte Bestand an Inhaberpapieren im wesentlichen vorhanden war, so daß hier weder für die Stabilität der Kurse, noch für die Liquidität Änderungen zu erwarten sind. Im Westen dagegen wird man sich wohl bald an die neuen Bestimmungen gewöhnen und über den allerdings zu erwartenden Rückgang der Zinseinnahmen hinwegkommen. Eine Hebung der Liquidität der bestehenden Sparkassen ist dagegen im Westen unter allen Umständen zu erwarten, und insoweit wird das Gesetz schließlich wohl von allen Beteiligten als eine segensreiche Einrichtung empfunden werden.

Gesetz, betreffend die Anlegung von Sparkassenbeständen in Inhaberpapieren.

Vom 23. Dezember 1912 (GS. 1913, S. 3).

In Kraft getreten am 1. Januar 1913 (§ 8 Abs. 2)

Wir Wilhelm, von Gottes Gnaden König von Preußen ꝛc. verordnen, mit Zustimmung der beiden Häuser des Landtags der Monarchie, was folgt:

§ 1.

Die öffentlichen Sparkassen haben von ihrem verzinslich angelegten Vermögen Mindestbeträge in mündelsicheren Schuldverschreibungen auf den Inhaber anzulegen und zwar:

1. 15 vom Hundert, wenn ihr Einlagebestand 5 Millionen Mark nicht übersteigt und sich ihre Grundstücksbeleihungen und die Gewährung von Darlehen als Personalkredit nach der Satzung künftig auf den Stadt- oder Landkreis, in dem der Garantiebezirk belegen ist, beschränken;
2. 20 vom Hundert, wenn ihr Einlagebestand 10 Millionen Mark nicht übersteigt und sich ihre Ausleihungen (Nr. 1) nach der Satzung künftig auf den Stadt- oder Landkreis, in dem der Garantie-

bezirk belegen ist, und die angrenzenden Kreise beschränken;

3. 25 vom Hundert in allen anderen Fällen.

Anmerkung 1.

Begriff der öffentlichen Sparkasse.

a) Der Begriff der öffentlichen Sparkassen richtet sich nach dem Landesrecht. (Art. 99 EG.BGB.) In Preußen ist eine Legaldefinition des Begriffs nicht vorhanden. Insbesondere gibt Art. 75 PrAG.BGB. keine solche Definition. Diese fehlt auch in dem, das preußische Sparkassenwesen im allgemeinen, wenigstens soweit der östliche Teil der Monarchie in Betracht kommt, regelnden Gesetze, dem Sparkassenreglement vom 12. 12. 1838 (PrGS. 1839 S. 5). Dort werden nur in § 21 den Sparkasseneinrichtungen der Gemeinden und Kommunalverbände diejenigen von ständischen Verbänden gegenübergestellt, indem auch für die Errichtung dieser letzteren, wenn sie sich über größere Landesteile erstrecken, die Allerhöchste Genehmigung gefordert wird.

Die allgemeinen Rechtsgrundsätze ergeben, daß es sich bei einer öffentlichen Sparkasse um eine von einer juristischen Person des öffentlichen Rechts betriebene Sparkasse handeln muß. (Vgl. Planck, BGB. zu § 1807 Abs. 1 Nr. 5 Anm. 4.) Infolgedessen haben die Minister des Innern und der Justiz durch Erlaß v. 27. 7. 1900 (MBl. f. d. innere Verw. 1900. 225) sich dahin ausgesprochen, daß nach der bisherigen Praxis unter öffentlichen Sparkassen diejenigen zu verstehen sind, welche entweder für Rechnung einer Körperschaft des öffentlichen Rechts betrieben werden, oder für deren Verbindlichkeiten eine Körperschaft des öffentlichen Rechts die Haftung übernommen hat. Allgemeiner fassen Stranz und Gerhard, Preuß. Ausführungsgesetz zum BGB. 378 Anm. 2 zu § 75 den Begriff, indem sie sagen: „öffentliche Sparkassen sind solche, die einem öffentlichen Organismus angegliedert sind und unter öffentlicher Aufsicht stehen". Hier wird also auf das

Erfordernis der Haftung des öffentlichen Verbandes Gewicht nicht gelegt.

Im allgemeinen besteht zwar tatsächlich nach den bisherigen Gepflogenheiten bei Sparkassen des öffentlichen Rechts die Haftung des die Sparkasse betreibenden Kommunalverbandes. Insbesondere sieht das Normalstatut für öffentliche Sparkassen, dem die Statuten der bei weitem meisten öffentlichen Kassen nachgebildet sind, eine solche Haftung vor. Nach dem oben angeführten Ministerialerlaß wird man jedoch richtigerweise auf diese Haftung verzichten müssen.

Die Motive des Gesetzes sprechen zwar viel von den für die einzelnen Sparkassen haftenden Garantieverbänden. Auch das Gesetz selbst erwähnt diesen Garantieverband an verschiedenen Stellen. (Vgl. § 1 Ziff. 1 und 2, § 7 Abs. 1, 2, 3, 4.) Daß ein solcher Garantieverband für die von dem Gesetz betroffenen Sparkassen deshalb aber erforderlich ist, ist nirgends gesagt, Begründung des Gesetzentwurfes, Kommissionsberichte und Parlamentsreden gehen nur davon aus, daß im allgemeinen ein solcher Verband vorhanden ist, und gründen ihre Ausführung auf den in der Praxis allerdings vorherrschenden Normalfall. Im übrigen ist es aber durchaus denkbar, daß in dem Gesetz mit dem Worte „Garantieverband" lediglich der die öffentliche Sparkasse betreibende, eine Garantie aber nicht übernehmende Verband öffentlichen Rechts bezeichnet wird. Da das Gesetz eine Ergänzung der §§ 5 und 7 des Sparkassenreglements v. 12. 12. 1838 sein soll, will es den Kreis der Institute, auf welche es Anwendung finden soll, nicht neu regeln. In dieser Beziehung soll es vielmehr bei dem bisherigen Rechtszustande und der bisherigen Auslegung des Begriffs der öffentlichen Sparkasse bleiben.

Die Entstehung einer öffentlichen Sparkasse ist geregelt in den §§ 1—4 d. Regl. v. 12. 12. 1838. Bezüglich der ständischen Sparkassen gelten außer dem § 21 des Regl. noch die besonderen Bestimmungen, denen die ständischen Sparkassen auf Grund der für sie im Einzelfalle geltenden Autonomie unterliegen.

b) Nicht gefordert wird für den Begriff der öffentlichen

Sparkasse die Eigenschaft einer selbständigen juristischen Person. Sparkassen, welche diese Eigenschaft aufweisen, sind die Ausnahme. Die Sparkasse eines Kommunalverbandes ist im allgemeinen, abgesehen von einer besonderen Regelung dieser Frage durch das Statut, keine von der betreffenden Kommune getrennte juristische Person, sondern lediglich eine Kasse der Kommunalverwaltung, welche, selbst wenn die Verwaltung einem besonderen Kuratorium übertragen ist, von den Kommunalorganen vertreten wird. (Vgl. Johow-Küntzel, Entsch. 2, 78; v. Knebel-Döberitz, Sparkassenwesen in Preußen 112 und die dort Angeführten.) Es genügt demnach eine von der allgemeinen Verwaltung der Kommune getrennte Kassenverwaltung, wie sie in § 2 des Regl. v. 12. 12. 1838 vorgesehen ist. Diese Trennung der Bestände ist auch in dem Normalstatut für die Sparkassen angeordnet.

c) Kein Kriterium für den Begriff der öffentlichen Sparkasse ist die Mündelsicherheit. Bei der Beratung des Gesetzes ist zwar von seiten der Regierung und den Anhängern der Vorlage hervorgehoben worden, daß der im Gesetz den öffentlichen Sparkassen auferlegte Anlagezwang in dem vom Staate den durch das Gesetz betroffenen Sparkassen verliehenen Privileg der Mündelsicherheit seine Rechtfertigung finde. Demgegenüber ist mit Recht betont worden, daß die mit dem Privileg der Mündelsicherheit vom Staate ausgestatteten Sparkassen wegen der soliden Verwaltung der sie leitenden öffentlichen Verbände und der Haftung der hinter ihnen stehenden öffentlichen Korporationen sich dieses Privileg erst erworben haben. Die sowieso bestehende Sicherheit und Solidität war die Voraussetzung für die Verleihung der Mündelsicherheit, nicht aber war die Eigenschaft der Mündelsicherheit der Grund für die Zunahme des Geschäftsbetriebes der Kassen. Die Kassen waren also dem Staate nicht zu Dank verpflichtet für die Verleihung der Mündelsicherheit, und es war daher ein logischer Fehler, wenn in der Begründung des Gesetzes behauptet wurde, der Zwang zum Ankauf von Wertpapieren müsse als Gegenleistung für die Verleihung der Mündelsicherheit von den Sparkassen hingenommen werden.

Die öffentlichen Sparkassen sind nicht ohne weiteres mündelsicher. Diese Eigenschaft muß erst besonders erworben werden. § 1807 Ziff. 5 BGB erklärt inländische öffentliche Sparkassen erst für mündelsicher, wenn sie von der zuständigen Behörde des Bundesstaates, in welchem sie ihren Sitz haben, zur Anlegung von Mündelgeldern für geeignet erklärt werden. In Preußen vollzieht sich dieses auf Grund des Art. 75 AG. BGB. Eine in Preußen bestehende öffentliche Sparkasse kann nach diesem Artikel durch den Regierungspräsidenten im Einvernehmen mit dem Landgerichtspräsidenten zur Anlegung von Mündelgeld für geeignet erklärt werden. Die Rücknahme der Erklärung ist zulässig. Erklärung und Rücknahme sind durch das zuständige Amtsblatt bekannt zu machen.

d) Als Fingerzeig dafür, ob es sich im Einzelfalle um eine öffentliche Sparkasse oder um eine Privatsparkasse handelt, ist im Geltungsbereich d. Regl. v. 12. 12. 1838 die Tatsache zu betrachten, ob das betreffende Institut gemäß den §§ 1—4 d. Regl. als öffentliche Sparkasse ins Leben getreten ist. Nach diesen Paragraphen vollzieht sich die Errichtung einer öffentlichen Sparkasse, soweit es sich um Kommunalinstitute handelt, in der Weise, daß sich die in Betracht kommende Gemeinde oder kommunale Körperschaft an die Kommunalaufsichtsbehörde (Regierung) wendet und dieser wegen der zu treffenden Einrichtung Vorschläge macht. Als eine unerläßliche Bedingung hierbei ist, daß die Stadtverordnetenversammlung oder die sonstige Kommunalrepräsentation, bei Kreissparkassen der Kreistag, zu der zu treffenden Einrichtung, insonderheit zu der in allen Fällen von der Gesamtheit der Kommune zu übernehmenden Vertretung ihre Zustimmung erteilt hat. Etwaige Zweifel und Widersprüche der Kommunalverwaltungsbehörde, Magistrat, Kreisausschuß, Gemeindevorstand, können durch die Entscheidungen der Staatsbehörde beseitigt werden. Die Kommunalaufsichtsbehörde hat alsdann nach gehöriger Vorbereitung der Sache und Entwerfung des Statutes an den vorgesetzten Oberpräsidenten zu berichten, welchem die Genehmigung der Einrichtung und die Bestätigung des Statutes oder die Verweigerung derselben zusteht und obliegt.

Falls die Errichtung der Sparkasse sich in dieser Weise vollzogen hat, kommt es nicht mehr darauf an, ob der Geschäftsbetrieb des Institutes sich vollständig in den Grenzen des Betriebes einer Sparkasse hält, oder ob das Institut mit Rücksicht auf Art und Umfang der betriebenen Geschäfte sich dem Betriebe einer Bank nähert. Grundsätzlich soll der Betrieb einer Sparkasse sich lediglich auf das Depotgeschäft beschränken, wobei insbesondere an die Annahme von Deposita irregularia sowie an die Anlegung der eingezahlten Spargelder in sicheren Werten zu denken ist. Andere Geschäfte, selbst die Annahme von Wertsachen, Effekten, Hypothekenbriefen und Wertgegenständen in ordentliche Verwahrung, sowie des weiteren das Scheck- und Kontokorrentgeschäft, gehören eigentlich nicht zu den den Sparkassen übertragenen Obliegenheiten. Spricht doch auch § 4 d. Regl. lediglich vom Depotgeschäft. Immerhin nimmt selbst eine erhebliche Erweiterung des Geschäftsbetriebs der Sparkasse nicht den Charakter einer öffentlichen Sparkasse, wenn sie nach §§ 1--4 des Reglements als solche ins Leben getreten ist. Ein nicht mehr mit dem Reglement im Einklang stehendes Geschäftsgebahren der Sparkasse rechtfertigt vielmehr nur ein Einschreiten der Aufsichtsbehörde.

e) Als Beispiele für öffentliche Sparkassen kommen in Betracht die sämtlichen von Kommunalverbänden errichteten Sparkassen, als da sind städtische Sparkassen, Gemeindesparkassen, Kreissparkassen, ev. auch Sparkassen, welche von den Provinzialverbänden ins Leben gerufen sind. Des weiteren kommen nach § 21 d. Regl. v. 12. 12. 1838 auch ständische Sparkassen in Betracht, d. h. solche Sparkassen, welche von ständischen Vertretungen, die nach Autonomie und Sonderrecht organisiert sind, ins Leben gerufen sind. Als solche Sparkassen müssen die Sparabteilungen der Landschaftsbanken betrachtet werden, z. B. die Sparabteilung der Bank der ostpreußischen Landschaft, was von dem Verwaltungsrat der Bank der ostpreußischen Landschaft in Drucksache 1 der Vorlage zum 50. Generallandtage der ostpreußischen Landschaft vom Jahre 1910 ausdrücklich anerkannt wurde. Nach Nachtrag I zum Statut der Bank der ostpreußischen Landschaft vom 23.

3. 08 kann die Landschaftsbank Spareinlagen annehmen und verzinsen. Sie hat gemäß § 16 Abs. 1 des Statutes über den Spareinlagenverkehr mit seinen Aktivis und Passivis getrennt Buch zu führen und Gewinn und Verlust für den Sparbetrieb besonders zu berechnen. Die Überschüsse des Sparbetriebs werden nach Abzug eines bestimmten Beitrags zu den Verwaltungskosten einem besonderen Sparreservefonds zugeführt. Reicht der Reingewinn der Bank nicht aus, um den Bestimmungen über die Ansammlung und Ergänzung des Sparreservefonds zu genügen, so ist der dazu erforderliche Betrag aus dem vorhandenen allgemeinen Reservefonds der Bank zu entnehmen. Der Sparreservefonds wird der Landschaft gegen die Verpflichtung übereignet, daß die Landschaft in Höhe des jeweiligen Bestandes des Reservefonds den Spareinlegern haftet. Mit diesen Bestimmungen ist für die Sparabteilung der Bank eine selbständige Verwaltung eingerichtet, ein eigener Reservefonds geschaffen und eine Aussonderung der Bestände von dem übrigen Vermögen der Bank ermöglicht. Eine Behandlung dieser landschaftlichen Spareinrichtung als selbständige, öffentliche Sparkasse ist damit geboten.

Entsprechende Einrichtungen anderer Landschaften sind ähnlich zu behandeln, vorausgesetzt, daß vor allem die Trennung der Sparbestände und der Spareinlagen von dem übrigen Bankvermögen buch- und bilanzmäßig durchgeführt wird. Daß dieses geschieht, folgt überall aus der Natur der Sache und muß allseitig seitens der Aufsichtsorgane gefordert werden.

Die rechtliche Natur der Spareinrichtungen der Landschaften als öffentliche Sparkassen ist nicht unbestritten, insbesondere äußerte sich der Regierungskommissar auf dem genannten 50. Generallandtage der ostpreußischen Landschaft gegenteilig. Die von ihm angeführte Begründung bestand aber in dem Hinweise darauf, daß zum Begriff der öffentlichen Sparkassen die Haftung, welche bei den Landschaften fehle, und nicht nur die Aufsicht des Kommunalverbandes gehöre. Da diese Ansicht nach den obigen Ausführungen nicht zutrifft, ist auch der Meinung des Regierungskommissars hinsichtlich der landschaftlichen Spareinrichtungen nicht beizutreten.

Es fragt sich, ob das den Anlagezwang statuierende Gesetz

den landschaftlichen Spareinrichtungen gegenüber Gültigkeit hat, da dieses Gesetz als ein Eingriff in die autonome Verwaltung angesehen werden könnte, nach welcher diese Kassen eingerichtet sind. Der Zweifel ist nicht berechtigt. Denn die den Landschaften eingeräumte Autonomie erstreckt sich lediglich auf die Schaffung und die Organisation der Sparinstitute und regelt nur die Aufsicht in anderer Weise, als es das Sparkassenreglement im allgemeinen tut. Wenn eine Landschaft kraft ihrer autonomen Gesetzgebung ein Sparkasseninstitut öffentlichen Rechts ins Leben ruft, so ist sie verpflichtet, die gesetzliche Folge des Anlagezwanges auf sich zu nehmen.

f) Im Gegensatz zu den Sparkassen öffentlichen Rechts stehen die Privatsparkassen, wie die Spareinrichtungen der Privatbanken und der Genossenschaften. Insbesondere ist die gemäß §§ 53 ff. GenG. v. 1. 5. 1889 den Genossenschaften übergeordnete Revisionsinstanz keine derartige, daß man den genossenschaftlichen Sparbetrieb für einen Betrieb öffentlichen Rechts ansehen müßte. Die Spargenossenschaft ist an sich wie jede andere Genossenschaft eine privatrechtliche Vereinigung. Die ihr übergeordnete Aufsichtsinstanz verfolgt zwar ähnlich wie eine auf § 14 HGB. gegründete handelsrechtliche Aufsicht die Herbeiführung eines geordneten Geschäftsverkehrs durch Inkrafttreten öffentlicher Organe. Eine Spargenossenschaft ist aber nicht dem Staate organisch angegliedert wie eine öffentliche Sparkasse dem ihr übergeordneten Kommunalverbande.

Anmerkung 2.

§ 1 gibt in seinem ersten Absatze das dem Gesetz zugrunde liegende Leitmotiv wieder, nach welchem die öffentlichen Sparkassen von ihrem verzinslich angelegten Vermögen bestimmte Prozentsätze in mündelsicheren Schuldverschreibungen anzulegen haben. Über den wirtschaftlichen Zweck dieser Anordnung ist in der Einleitung das Notwendige gesagt, ebenso wie über die Bedenken, die der Anordnung entgegenstehen, und über die Gründe, mit welchen diese Bedenken überwunden worden sind.

Verzinslich angelegtes Vermögen.

a) **Unter** verzinslich angelegtem Vermögen im Sinne des § 1 sind solche Vermögensobjekte zu verstehen, welche im Eigentum der Sparkassen stehen. Dieses folgt aus der allgemeinen Bedeutung, welche dem Worte Vermögen im Rechtsleben beigelegt wird. Es ist aber bei der Begrenzung der in Betracht kommenden Vermögensobjekte darauf Rücksicht zu nehmen, daß die Sparkassen, wie unter Anm. 1 ausgeführt, im allgemeinen nicht selbständige juristische Personen sind, sondern Verwaltungsstellen bzw. Rechnungsstellen innerhalb der Kommunalverbände, von denen sie betrieben werden. Die Trennung des Sparkassenvermögens von dem sonstigen Vermögen des übergeordneten Kommunalverbandes ist daher durch verschiedene Ministerialerlasse angeordnet worden. Genau genommen handelt es sich also bei dem verzinslich angelegten Vermögen der Sparkassen nicht um Vermögen der Sparkassen selbst, sondern um Vermögen der übergeordneten Kommunalverbände.

b) Zu dem verzinslich angelegten Vermögen gehören die folgenden Vermögenskomplexe:

1. Die Gesamtheit der Vermögenswerte, welche als Sparkassenanlagen den Spareinlagen gegenüberstehen. Das dem Sparkassenbetriebe zugrunde liegende Hauptgeschäft besteht in der Annahme von Spargeldern als depositum irregulare; d. h. die Sparer zahlen der Sparkasse die Spargelder ein und übertragen ihr das Geld zu Eigentum, wie stets bei einem der depositum irregulare die Übereignung vor sich gehen muß. Manche behaupten, daß die Einzahlung der Spargelder bei der Sparkasse als Darlehn anzusehen ist. Die Meinung ist irrig. Denn die Einzahlung erfolgt vorwiegend im Interesse des Geldgebers, damit dieser die Zinsen seiner Einlage erhält, nicht aber vorwiegend im Interesse des Empfängers, damit dieser das Geld nach Belieben für eigene Bedürfnisse verwenden kann. Auch die Gesamtheit der Bestimmungen des Sparkassenreglements über die Anlagen der Spareinlagen läßt keinen Zweifel darüber, daß das Interesse der Sparer bei den Sparinstituten das vorherrschende ist.

Zum Vermögen der Sparkassen gehören die gesamten von den Sparern ihnen übereigneten Spareinlagen.

Diese Gelder sind gemäß § 5 d. Regl. in bestimmten mündelsicheren Werten anzulegen und die Gesamtheit dieser Anlagewerte bildet den Hauptbestandteil des im § 1 des Gesetzes gemeinten Sparkassenvermögens.

Die Wertobjekte, in welchen die Spargelder angelegt werden dürfen, sind in § 5 d. Regl. zusammengestellt. Ihr Umfang deckt sich nach diesem Paragraphen mit dem Umkreis derjenigen Werte, welche kraft Gesetzesnorm als mündelsichere Werte anzusehen sind. Diese sind zusammengestellt in den §§ 1807 und 1808 BGB. sowie in den Art. 73, 74 und 76 PrAG.BGB. Die der Landesgesetzgebung eingeräumte Befugnis, das Privileg der Mündelsicherheit zu verleihen, wie es in den genannten Artikeln des PrAG. geschehen ist, beruht auf Art. 212 EG.BGB.

Nach diesen Gesetzesnormen kommen für die öffentlichen Sparkassen für die Anlegung von Spargeldern die folgenden Rechtsgeschäfte in Betracht.

I. Gewährung von Darlehen gegen Verpfändung von Grundstücken (Hypothek, Grundschuld);

II. Ankauf von Wertpapieren;

III. Gewährung von Darlehen als Personalkredit
- a) gegen Schuldschein mit Bürgschaft,
- b) „ „ ohne Bürgschaft,
- c) „ „ nebst wechselmäßiger Verpflichtung,
- d) „ „ und Bestellung von Faustpfand-Lombard,
- e) „ „ an Gemeinden und Korporationen,
- f) „ „ an Erwerbs- und Wirtschaftsgenossenschaften;

IV. Vorübergehende Anlegung.

Außerdem kommen noch in Betracht Darlehen an Deichverbände und öffentliche Wassergenossenschaften, Erwerbung von Grundeigentum, Ankauf von Privatdiskonten.

Die auf diese Weise in den Tresor der Sparkassen gelangten Werte werden, soweit unten nicht Einschränkungen gemacht werden, in erster Linie zu dem verzinslich angelegten Vermögen im Sinne des § 1 zu rechnen sein. Zu diesem Vermögen tritt alsdann hinzu der durch Zinsgewinn erzielte Zuwachs der Spareinlagen, welcher, soweit eine Abhebung der Zinsen durch die Sparer nicht erfolgt, ebenfalls in mündelsicheren Werten zu belegen ist.

2. Als verzinslich angelegtes Vermögen kommen alsdann Werte in Betracht, welche nicht wie die unter 1 genannten wirtschaftlich im Grunde genommen zum Vermögen der Sparer zu rechnen sind und sich eigentlich nur in Verwaltung der Sparkassen befinden, sondern Werte, die nicht nur vom rechtlichen, sondern auch vom wirtschaftlichen Standpunkte Eigentum der Sparkassen sind. Hierher gehört:

A. Der gesamte Erwerb der Sparkassen aus ihrem Geschäftsbetrieb, soweit er als Vermögen der Kasse angesammelt wird und nicht für anderweitige Zwecke, sei es zugunsten des Kommunalverbandes, sei es zu irgendwelchen gemeinnützigen Zwecken, verwandt wird. Hier sind vor allem die Sicherheitsfonds zu nennen, die die Sparkassen anzulegen angehalten werden und welche ihrem Zweck entsprechend, getrennt von dem Vermögen des Verwaltungsverbandes zu halten sind.

α) Der Reservefonds. Dieser ist ein Teil des allgemeinen Sparkassenfonds und gehört nicht zu dem Vermögen des Verwaltungsverbandes, über die Höhe des Reservefonds sei hier kurz bemerkt, daß er im allgemeinen in Höhe von 10 Proz. der Passivmasse zu halten ist. Vgl. MErl. v. 19. 2. 1875 (MBl. 77), ferner MErl. v. 16. 11. 1877 (MBl. 1878, 5), ferner MErl. v. 19. 3. 1880 (MBl. 1891, 224).

β) Der Kursausgleichungsfonds, welchem die buchmäßigen Kursgewinne zugeschrieben und welchem die buchmäßigen Kursverluste abgeschrieben werden. Dieser Fonds, der bei einer Anzahl von Sparkassen besteht, hat den Zweck, die Schwankungen in den Überschüssen auszugleichen. (Vgl. MErl. v. 28. 2. u. 17. 3. 1900.) Über die Berechnung der Kursverluste bei den ordentlichen Reservefonds vgl. MErl. v. 4. 2. 01.

B. Eigenes Vermögen der Kassen, soweit es erworben wird durch Überweisungen seitens des Verwaltungsverbandes, durch Vermächtnisse oder Schenkungen.

C. Für das Gesetz kommt nur derjenige Bestandteil des Sparkassenvermögens in Betracht, welcher verzinslich angelegt ist. Nur nach diesen Bestandteilen des Gesamtvermögens der Sparkassen werden die Anforderungen der §§ 1—3 des Gesetzes bemessen.

Zu diesem verzinslich angelegten Vermögen gehören die gesamten aufgeführten Objekte, und es sind zur Abgrenzung des in Betracht kommenden Vermögensbestandes hier nur noch diejenigen Werte zu nennen, welche bei der Berechnung nicht in Ansatz zu bringen sind. Es sind dies:

1. Die Barbestände. Sie können darum nicht in Ansatz kommen, weil sie für den täglichen Geschäftsverkehr zur Verfügung stehen müssen und jederzeit bei Auszahlung von Sparguthaben verwandt werden können. Da sie im unmittelbaren Besitz der Sparkasse sich befinden, tragen sie keine Zinsen.

2. Die jederzeit ohne Kündigung abrufbaren Bankguthaben der Kassen. Diese Guthaben haben den Zweck, den Umkreis des zur jeweiligen Befriedigung von Sparern dienenden Barbestandes der Kassen zu erweitern. Sie stehen ebenso wie der Barbestand zur jederzeitigen unmittelbaren Abhebung zur Verfügung und bilden in ihrer Höhe darum eine stets variierende Größe. Diese Bankdepositen der Sparkassen kommen bei der Abgrenzung des Begriffs des verzinslich angelegten Vermögens selbst dann nicht in Betracht, wenn sie zu dem im Bankverkehr üblichen Zinssatze angelegt sind. Dies hängt mit der Eigenschaft dieses Guthabens als einer stets variierenden Größe zusammen. Wollte man diese Guthaben bei der Berechnung des verzinslich angelegten Vermögens in Ansatz bringen, so würde die Folge davon die stete Notwendigkeit sein, in der Bemessung der Quote des Vermögens, welche in Inhaberpapieren anzulegen ist, dauernd herauf- und herabgehen zu müssen. Besonders lästig würde dies bei Sparkassen sein, deren Einlagebestand sich im allgemeinen in einer Höhe um 5 und 10 Millionen hält, weil gerade bei diesen Kassen gemäß Ziff. 1, 2 und 3 des § 1 die geforderten Prozentsätze wechseln. Anders als die auf tägliches Geld angelegten Sparkassendepositen sind die gegen Kündigung auf bestimmte Fristen

angelegten Sparkassendepositen zu behandeln. Denn bei diesen handelt es sich um Werte, welche stabilere Bestandteile in der Bilanz sind.

3. Der Grundbesitz der Sparkassen.

α) Das Verwaltungsgebäude. Von diesem wird man im allgemeinen sagen müssen, daß es bilanzmäßig gar nicht zum Vermögen der Kasse zu rechnen ist, denn es ist im allgemeinen von dem übergeordneten Kommunalverbande, dem es gehört, der Sparkasse nur zur Benutzung zur Verfügung gestellt. Es dient auch nicht der Anlegung der eingezahlten Spargelder und hat auch wirtschaftlich keinen zinstragenden Wert, sondern lediglich einen durch die Möglichkeit der räumlichen Ausnützung geschaffenen Wert.

β) Sonstige im Eigentum der Sparkasse befindliche Grundstücke. Im allgemeinen ist der Fall, daß eine Sparkasse Grundbesitz hat, ausgeschlossen. Vor allen Dingen kann der Erwerb von Grundbesitz grundsätzlich nicht in Frage kommen zur zinsbaren Anlegung der Spargelder. Denn diese muß in mündelsicheren Werten vor sich gehen, zu welchen Grundstücke nicht gehören. Der Erwerb von Grundstücken wird vielmehr nur im Zwangsversteigerungsverfahren zum Zwecke der Herausbietung einer der Sparkasse zustehenden, über die Beleihungsgrenze hinausgehenden Hypothek praktisch. In diesem Falle ist der Besitz des Grundstücks ein vom Gesetze nicht gewollter Ausnahmefall. Es besteht auch nicht die Möglichkeit einer wirklich zutreffenden Schätzung eines solchen Grundstücks, und die Berechnung des Vermögens der Kasse würde im Falle des Besitzes eines Grundstücks eine unsichere werden. Dazu kommt, daß die Sparkasse so bald wie möglich versuchen müßte, das Grundstück zu veräußern, so daß es alsbald aus der Bilanz wieder verschwinden würde. Die Berechnung des verzinslich angelegten Vermögens würde infolgedessen unter einem Mangel an Stabilität leiden. Mit Rücksicht hierauf sind Grundstücke auch dann nicht zum verzinslich angelegten Vermögen zu rechnen, wenn sie Mietzinsen tragen.

Vgl. im übrigen hierzu die Ausführungen des MErl. des Ministers des Innern v. 8. 6. 13 Ziff. 2.

d) Für den Wert des verzinslich angelegten Vermögens, nach dem sich der gesetzlich vorgeschriebene Anteil in Inhaberpapieren, insbesondere auch in Reichs- und Staatspapieren bemißt, sind die für die Bilanzaufstellung erlassenen Vorschriften, an denen das Gesetz nichts geändert hat, maßgebend. Diese Vorschriften knüpfen an den § 20 des Sparkassenreglements v. 12. 12. 1838 an. Nach diesem Paragraphen haben die mit der Geschäftsaufsicht der Sparkassen betrauten Oberpräsidenten sich alljährlich Nachweisungen über den Geschäftsbetrieb und die Resultate der Sparkassen einreichen zu lassen. Die Nachweisungen sollen sich auf das Rechnungsjahr erstrecken. Ob dieses mit dem Kalenderjahr oder mit dem Etatsjahr vom 1. April bis zum 31. März zusammenfällt, ist der einzelnen Sparkasse überlassen. Allerdings hatte der Minister des Innern im Jahre 1898 nach entsprechenden Erhebungen allgemein die Einführung des Kalenderjahrs als Rechnungsjahr empfohlen.

Für die Nachweisungen über den Geschäftsbetrieb wurde durch MErl. v. 9. 4. 1838 (MBl. 1844, 123), v. 13. 6. 1843 (MBl. 144) ein Muster empfohlen, nach welchem die Nachweisungen am praktischsten und übersichtlichsten von den einzelnen Kassen zusammengestellt werden konnten (Abdruck der Nachweisung auch bei v. Knebel-Döberitz, „Das Sparkassenwesen in Preußen", Berlin 1907, 197 ff.). Die nach diesem Schema in die Nachweisungen aufzunehmenden Vermögensbestandteile decken sich selbstverständlich nach den obigen Ausführungen nicht vollständig mit dem Begriff des verzinslich angelegten Vermögens im Sinne des § 1 des Gesetzes, da ja, wie ausgeführt, ein Teil des Vermögensbestandes (Barbestände, Anlagen im täglichen Geld und Grundstücke) bei der Berechnung des verzinslich angelegten Vermögens ausscheiden. Bei der Berechnung dieses Vermögens bleibt es insbesondere bei der Bestimmung, daß Wertpapiere, die einen Börsenpreis haben, höchstens zu dem Börsenpreis am Jahresschluß (letzter Tag des statutarisch bestimmten Geschäftsjahres), und sofern dieser den Anschaffungspreis übersteigt, höchstens zu Letzterem angesetzt werden dürfen. (Ziff. 3 des Erlasses des Ministers des Innern v. 8. 5. 13.) Diese Vorschrift beruht ihrerseits auf dem MErl. v. 24. 1. 1891, MBl. 20, welcher die hervorgetretenen Verschiedenheiten bei der Bilanzaufstellung hinsichtlich der Bewertung der zum Reservefonds gehörigen und der sonst im Besitze der Sparkasse befindlichen Inhaberpapiere rügt und die Notwendigkeit der Einheitlichkeit betont. Nach diesem Erlaß sollen zur Herbeiführung eines soliden Geschäftsbetriebes durch Aufstellung einer ordentlichen und sicheren Bilanz schwankende Werte lieber zu ungünstig, als zu günstig abgeschätzt werden. Als schwankende Werte müssen auch die für die Sparkassen ankaufsfähigen Wertpapiere betrachtet werden. Die bloße Kurssteigerung gewährt noch keinen wirklichen Gewinn, denn der Kurs kann wieder weichen. Selbst wenn dies nicht anzunehmen wäre, würde es nach dem Ministerialerlaß gewagt erscheinen, den Schluß zu ziehen, daß die Sparkassen in der Lage seien, durch den Verkauf des Wertpapieres den am Tage der Bilanzaufstellung notierten Kurs zu realisieren. Denn sehr häufig würde dieser Kurs durch einen solchen Verkauf geworfen werden und ein Gewinn ist jedenfalls erst dann realisiert, wenn das Papier zu dem höheren Preise tatsächlich verkauft ist. Der MErl. v. 24. 1891 hat somit die analoge Anwendung der Bestimmung des Art. 185 a RG. v. 18. 7. 1884, RGBl. 123, angeordnet, die auch in § 261 Nr. 1 HGB. v. 10. 5. 1897 wiederholt ist. Nach diesem Paragraphen dürfen bei Bilanzaufstellungen von Aktiengesellschaften Wertpapiere und Waren, die einen Börsen- oder Marktpreis haben, höchstens zu dem Börsen- oder Marktpreise des Zeitpunktes, für welchen die Bilanz aufgestellt wird, angesetzt werden; sofern der Preis jedoch den Anschaffungs- oder Herstellungspreis übersteigt, höchstens zu dem letzteren. Die hier gezogene Höchstgrenze für die Bilanzansetzung enthält zwingendes Recht.

Der Börsen- oder Marktpreis ist derjenige Preis, der sich aus der Vergleichung der über die betreffenden Wertpapiere an dem maßgebenden Handelsplatze zur fraglichen Zeit abgeschlossenen Geschäfte als Durchschnittspreis ergibt; mag er amtlich festgestellt sein oder nicht. Die Kurs- oder Preisnotierung ist nicht maßgebend, wenn sie nur Angebot und

Nachfrage (Brief und Geld) anzeigt, oder wenn sie dem wahren Marktpreise nicht entspricht, oder wenn ein solcher wegen der Geringfügigkeit der Umsätze nicht vorhanden ist (RG. Bd. 18, 7; 34, 121; 47, 112).

Anmerkung 3.

Die von den öffentlichen Sparkassen auf Grund des § 1 in mündelsicheren Schuldverschreibungen angelegten Beträge sind Mindestbeträge.

a) Der Begriff des Mindestbetrages ergibt sich ohne weiteres aus dem Worte selbst: er stellt sich als ein solcher Betrag dar, unter welchen die Sparkassen bei der Anlegung ihrer Bestände in Inhaberpapieren nicht heruntergehen sollen, und er gibt die Grenze an, welche als geringstes Maß für den jeweilig aufzuweisenden Bestand an Inhaberpapieren von der Sparkassenverwaltung innezuhalten ist. Selbstverständlich ist diese vom Gesetze ausgesprochene Anordnung nur unter einer Einschränkung zu verstehen. Denn es können Fälle vorkommen, in denen die Sparkassen genötigt sind, mit Rücksicht auf zeitliche und örtliche Verhältnisse diese vom Gesetze gezogene Mindestgrenze doch zu überschreiten. Diese Verhältnisse liegen vor allen Dingen in Zeiten vor, in denen starke Ansprüche an die Liquidität der Sparkassen gestellt werden, wenn nämlich plötzlich und unvorhergesehen starke Abhebungen seitens der Sparer vorgenommen werden. Es ist klar, daß alsdann die Sparkassen gezwungen werden, dem Auszahlungsbedürfnis durch Rückgriff auf den Inhaberpapierbestand zu genügen. Die sonstigen Anlagen der Sparkassen, insbesondere die Hypotheken, entsprechen dem in solchen Zeiten geforderten Maße an Flüssigkeit nicht. Es ist auch gerade der eine der mit dem Gesetz verfolgten Zwecke, für solche Fälle die Liquidität der Kasse durch Hebung ihres Bestandes an Inhaberpapieren zu heben; und der gesetzlich vorgeschriebene Mindestbestand ist dazu da, plötzlichen überstarken Ansprüchen zu genügen. Näheres über die Befugnis zur Überschreitung der Mindestgrenze im Falle der Abhebung von Einlagegeldern vgl. in den Anmerkungen zu § 6.

b) Die Mindestgrenze wird in § 1 für die Sparkassen nicht gleichmäßig festgesetzt, sondern das Gesetz teilt die Sparkassen in 3 Gruppen, welche unter den Ziff. 1, 2 u. 3 des § 1 genannt sind.

Mit den dort genannten Prozentsätzen von 15, 20 und 25 Proz. des verzinslich angelegten Vermögens wird der Umfang geregelt, in welchem die durch das Gesetz betroffenen Sparkassen Inhaberpapiere zum Zwecke der Anlegung ihrer Bestände zu kaufen haben. Es war bezweckt worden, durch Einführung des Anlagezwanges jährlich den Betrag von rund 60 Millionen M. mehr, als es vor Inkrafttreten des Gesetzes der Fall war, an Inhaberpapieren an die Sparkassen abzusetzen. Da nach § 2 des Gesetzes nur $^3/_5$ von den einzukaufenden Inhaberpapieren Staatspapiere zu sein brauchen, durfte die Grenze des den Sparkassen aufzuerlegenden Mindestmaßes eine allzu niedrige nicht sein, um so weniger, als eine Reihe von Sparkassen, insbesondere in den östlichen Provinzen der Monarchie, tatsächlich die Mindestgrenze bereits bei Inkrafttreten des Gesetzes ungefähr innehielt.

Der Gesetzentwurf vom Jahre 1906 verlangte, daß die öffentlichen Sparkassen mindestens 30 Proz. ihres verzinslich angelegten Vermögens in mündelsicheren Wertpapieren und von diesen wiederum die Hälfte in Reichs- und Staatspapieren anlegen sollten. Nur unter besonderen Verhältnissen sollte der Minister ausnahmsweise eine Herabsetzung bis auf 20 Proz. zulassen dürfen. Diese Einheitlichkeit und Gleichmäßigkeit der für alle Sparkassen der Monarchie aufgestellten Anforderung war es, welche den Gesetzentwurf vom Jahre 1906 auf Widerspruch stoßen ließ. Um dem vorzubeugen, hatte der Regierungsentwurf vom Jahre 1912 in § 1 eine Latitude vorgesehen und bestimmt, daß die Mindestbeträge zwischen 20 und 30 Proz. variieren dürften, je nachdem die Satzungen innerhalb dieser Grenze es vorschrieben. In Ermangelung einer Satzungsvorschrift sollten es 25 Proz. sein. Durch Schaffung dieses Spielraumes glaubte man den besonderen örtlichen Bedürfnissen gerecht zu werden.

Übrigens war die Forderung eines sich auf 20—30 Proz.

des Vermögens belaufenden Inhaberpapierbesitzes keine übermäßige. Wenn man den Durchschnitt des Inhaberpapierbestandes der Sparkassen in den einzelnen Provinzen gesondert für sich betrachtet, so belief sich in fast allen Provinzen der Durchschnitt auf über 20—25 Proz. Lediglich in Hannover, Westfalen und Schleswig-Holstein wurde diese untere Grenze nicht erreicht.

Ein ähnliches Bild ergab sich bei der Betrachtung der einzelnen Sparkassen selbst. 573 aller Sparkassen besaßen über 20 Proz. Inhaberpapiere. 265 Kassen kamen mit einem Besitz von über 15—20 Proz. diesem Besitzstande so nahe, daß sie ihn bei der in § 3 vorgesehenen allmählichen Verstärkung in wenigen Jahren erreichen konnten; für 838 Sparkassen, d. h. für die größere Hälfte aller Sparkassen bedeutete infolgedessen die Forderung des Gesetzentwurfes gar keinen, oder nur einen wenig fühlbaren Eingriff in die bestehenden Zustände.

Vom Gesichtspunkte der Liquidität der Sparkassen war zu berücksichtigen, daß eine Lombardierung der hier in Betracht kommenden Wertpapiere durch die Reichsbank gesetzlich nur bis zu $^3/_4$ des Kurswertes gestattet ist (§ 13 Ziff. 3b RG. v. 14. 3. 1875). In Zeiten einer ernsten allgemeinen Krise ist aber mit einem mindestens zeitweiligen Weichen der Kurse zu rechnen. Infolgedessen ist es denkbar, daß aus einem Besitz von 20 Proz. Wertpapieren unter Umständen nicht mehr als 10 Proz des verzinslich angelegten Vermögens der Kassen im Wege der Lombardierung flüssig gemacht werden kann.

Im Abgeordnetenhause erschien die Mindestgrenze von 20 Proz., die der Entwurf vorsah, deshalb als zu hoch, als man sich sagte, daß eine Kasse, die mindestens 20 Proz. Inhaberpapiere zu halten verpflichtet sei, notwendigerweise noch einen weiteren Bestand an solchen Papieren in ihrem Tresor bewahren müßte, um jeweils für das laufende Geschäft die genügenden Mittel flüssig zu halten. Die gesetzliche Mindestgrenze von 20 Proz. bedeutete mithin eine tatsächliche von 25—30 Proz. Man stieß sich ferner daran, daß Überschreitungen der Mindestgrenze nach unten nach § 4 des Entwurfes an die Genehmigung von Verwaltungsorganen geknüpft sei, auf deren Erteilung in Anbetracht der Tendenz des Gesetzes nur unter ganz besonderen schwierigen Umständen zu rechnen sei.

Aus diesem Grunde verfolgte das Abgeordnetenhaus in seinen Beratungen konsequent das Ziel, die ursprüngliche Einheitlichkeit in der Behandlung der Sparkassen zu ersetzen durch eine schon im Gesetz liegende Differenzierung der einzelnen Sparkassen nach Größe, örtlichen Verhältnissen und selbständigen statutarischen Bestimmungen, damit die Kassen unabhängiger wären von dem Ermessen und Entgegenkommen der übergeordneten Verwaltungsbehörden.

Aus diesem Gedanken heraus wurde schon in der ersten Lesung der Kommission des Abgeordnetenhauses dem § 1 eine Fassung gegeben, nach welcher die Sparkassen eingeteilt würden in solche, welche 10, 15 oder 20 Proz. ihres Anlagebestandes in Inhaberpapieren anzulegen hatten, je nachdem ihr Einlagebestand 5, 10 oder ein Mehr an Millionen M. betrug. Diese Mindestsätze erschienen in der zweiten Lesung der Regierungsvertretung zu niedrig, und man teilte demgemäß in der zweiten Lesung die Kassen in solche ein, die 10, 15 und 25 Proz. ihrer Bestände in Inhaberpapieren anlegen sollten, je nachdem, ob der Einlagebestand 2, 10, 20 Proz. und ein Mehr von Millionen M. erreichte.

Auch gegenüber dieser Fassung gelang es der Regierung in der Plenarberatung des Abgeordnetenhauses, mit Hilfe des Antrages Winkler und Genossen dem § 1 eine Gestalt zu geben, welche die Mindestgrenze noch heraufsetzte. Der Antrag Winkler ist, soweit § 1 in Betracht kommt, wörtlich in das Gesetz übergegangen. Er stellt das Kompromiß dar, auf das die Regierung und die Mehrheit des Abgeordnetenhauses sich schließlich einigten.

Nach der Fassung, welche § 1 somit genommen hat, sind 3 Gruppen von Sparkassen zu unterscheiden:

1. solche, bei denen der Mindestbetrag an Inhaberpapieren 15 Proz. des angelegten Vermögens betragen muß,
2. solche, bei denen dieser Prozentsatz 20 Proz. beträgt,
3. solche, bei denen er 25 Proz. beträgt.

Diesen Prozentsätzen entsprechen Einlagebestände von
1. höchstens 5 Millionen M.,
2. höchstens 10 Millionen M.,
3. ein diesen Betrag übersteigender Einlagebestand.

Für diese, die Kassen nach ihrer Größe differenzierende Einteilung war des weiteren noch die Erwägung maßgebend, daß die kleineren Sparkassen weniger scharf durch das Gesetz betroffen werden sollten, als die größeren. Für die Hebung des Kurses der Staatspapiere kamen sie sowieso nicht in dem Maße in Betracht, wie die großen Kassen, denn nur diese konnten als Käufer großen Stils auftreten. In der Frage der Liquidität waren Befürchtungen wiederum überwiegend bei den großstädtischen großen Sparkassen zu hegen, da bei den kleinen, im wesentlichen auf dem platten Lande befindlichen Kassen die Gefahr von Runs weniger groß ist. Zeiten politischer Unsicherheit und wirtschaftlicher Depressionen äußern ihre Wirkungen stets mehr bei der großstädtischen Bevölkerung, die denn auch leichter geneigt und gezwungen ist, auf ihre Kapitalien zurückzugreifen, als auf die Bevölkerung des platten Landes.

c) Entsprechend der im Abgeordnetenhause geäußerten Meinung wird die Leitung einer Sparkasse darauf zu achten haben, daß grundsätzlich ein Mehr an Inhaberpapieren, als die Mindestsätze es verlangen, unter den Anlagebeständen sich befindet, damit in Zeiten eines allgemeinen umfangreichen Abhebebedürfnisses, d. h. also etwa in dem Moment eines Kriegsausbruches, einer Mobilmachung oder eines Streiks, durch die Abhebungen die Mindestgrenze nicht sofort erreicht oder überschritten wird.

d) Die Prozentsätze 15, 20 und 25 v. H. sind von dem angelegten Vermögen, nicht aber nach dem Einlagebestande zu berechnen, der mit Rücksicht auf die eigentümlichen Fonds der Kassen (Reservefonds, Kursausgleichungsfonds) hinter dem angelegten Vermögen zurückstehen muß. Über den Begriff des Einlagebestandes vgl. weiter unten.

e) Die Vorschrift des § 1, daß die einzelnen Kassen Mindestbeträge an Inhaberpapieren in ihrem Tresor zu halten haben, ist eine Vorschrift zwingenden Rechts. Ihr haben die gesamten preußischen öffentlichen Sparkassen Folge zu leisten, auch wenn die Satzungsvorschriften der Sparkassen über die Höhe des Inhaberpapierbesitzes, den sie aufweisen sollen, nichts enthalten. Falls ein Sparkassenstatut im einzelnen Falle Bestimmungen enthält, welche der Kasse unter der gesetzlichen Mindestforderung zurückzubleiben gestatten, geht die gesetzliche Anordnung der statutarischen Bestimmung vor. Mit Rücksicht hierauf ist eine sofortige Streichung der somit an sich bereits nichtigen Bestimmung aus dem Statute nicht erforderlich. Der MErl. v. 8. 5. 13 gibt sogar die Direktive, mit einer Änderung des Statuts in dieser Hinsicht zu warten, bis sowieso wichtige und notwendige anderweitige Änderungen oder Neuredaktionen der Statuten geboten erscheinen. Bei Neugründungen von Sparkassen soll nach dem Ministerialerlaß darauf geachtet werden, daß nicht erst Bestimmungen in das Statut gelangen, welche dem gesetzlichen Mindestmaße nicht entsprechen. Hierfür zu sorgen, sind außer den die neu zu gründenden Sparkassen ins Leben rufenden kommunalen Körperschaften auch die Aufsichtsbehörden (§ 2 d. Regl. v. 12. 12. 1838 und § 52 ZustG. v. 1. 8. 1883) berufen. (Vgl. hierzu Ziff. 1 d. MErl. v. 8. 5. 13.) Die gesetzliche Rechtsnorm äußert ihre Wirksamkeit selbst dann, wenn das statutarische Zurückbleiben hinter dem gesetzlichen Mindestmaß auf einer von der Aufsichtsbehörde speziell genehmigten Maßnahme beruht, sofern diese vor Inkrafttreten des Gesetzes getroffen war, da diese Genehmigung auf die erst später ergangene Gesetzesvorschrift keine Rücksicht zu nehmen braucht und sich noch nicht auf § 4 des Gesetzes stützt. Wegen Befreiungen von dem gesetzlichen Mindestmaße durch die Aufsichtsbehörde vgl. Anm. zu § 4.

Anmerkung 4.

Die Anlegung dieser Mindestbeträge des verzinslich angelegten Vermögens soll in mündelsicheren Schuldverschreibungen auf den Inhaber geschehen.

a) Das Gesetz schafft nicht generell neues Recht in bezug auf die Werte, in welchem die Spareinlagen der Sparkassen anzulegen sind, sondern es bestimmt lediglich, daß bestimmte

Prozentsätze des angelegten Vermögens in mündelsicheren Papieren zu belegen sind. Demnach bleiben hinsichtlich der von dem Gesetz nicht betroffenen Prozentsätze nach wie vor für die Sparkassen alle diejenigen Anlagemöglichkeiten bestehen, welche bisher auf Grund des § 5 d. Regl. v. 12. 12. 1838 und der dazu ergangenen Ministerialanweisungen bestanden haben. Insbesondere ist, abgesehen von der Anordnung der Mindestbestände an Inhaberpapieren, die nachgewiesen werden müssen, durch das Gesetz kein neues Recht geschaffen worden hinsichtlich der von den Sparkassen bisher so sehr beliebten Hypothekenanlagen. Durch das Gesetz wird nach dieser Richtung hin ein Zwang auf die Sparkassen nicht ausgeübt. Diese können vielmehr, abgesehen von der oben genannten zwingenden Beschränkung, wenigstens soweit das Gesetz in Betracht kommt, ihr bisheriges Geschäftsgebahren ruhig weiter verfolgen. Die Einschränkungen über Gewährungen von Grundstücksbeleihungen und Darlehen als Personalkredit auf den Stadt- oder Landkreis des Garantiebezirkes, wie sie in den Ziff. 1 und 2 des § 1 genannt sind, enthalten keinen Zwang für die Sparkassen, sich mit ihren Geldanlagen auf ihren Garantiebezirk zu beschränken, sondern sind lediglich Voraussetzungen für die Erleichterungen der Ziff. 1 und 2 gegenüber der Ziff. 3. Sie brauchen daher, wenn die Kassen von diesen Erleichterungen nicht Gebrauch machen wollen, nicht beobachtet zu werden. (Vgl. hierzu Anm. 5.)

Das Reglement spricht von der Möglichkeit der Anlage von Sparkassengeldern in Inhaberpapieren überhaupt nicht. § 5 sagt vielmehr nur, daß die Anlegung der Sparkasseneinlagen in inländischen Staatspapieren und Pfandbriefen zulässig sei, und erklärt ferner, daß die Anlegung auch auf jede andere sichere Art vor sich gehen könne. Infolgedessen besteht kein Zweifel, daß schon nach § 5 d. Regl. den Sparkassen die Anlegung ihrer Gelder in allen kraft Reichs- und Landesgesetzes für mündelsicher erklärten Werten gestattet ist. Dementsprechend bestimmt dann auch das Normalstatut für Sparkassen in § 25 Ziff. 2, daß die Gelder der Sparkassen in Wertpapieren angelegt werden dürften, und sagt in § 27 Abs. 1, daß als Wertpapiere nur solche erworben werden dürfen, in denen Mündelgelder belegt werden können.

§ 1 des Gesetzes ordnet den Zwang zur Anlage von Mindestbeträgen des Vermögens in mündelsicheren Schuldverschreibungen auf den Inhaber an.

Der Begriff der Schuldverschreibung auf den Inhaber entstammt dem § 793 BGB. und umfaßt Urkunden, in denen der Aussteller eine Leistung in der Weise verspricht, daß der Inhaber sie nach Maßgabe des Versprechens von dem Aussteller verlangen kann. In Betracht kommen hier lediglich Schuldverschreibungen auf Geld gemäß § 795 BGB. und zwar nur solche, denen kraft Reichs- oder Landesrechts der Charakter der Mündelsicherheit beigelegt ist. Es ist gleichgültig, welche Arten der im folgenden aufgezählten einzelnen mündelsicheren Schuldverschreibungen auf den Inhaber seitens der Sparkassen zur Anlage von Einlagegeldern gewählt werden. Die einzelnen Schuldverschreibungen haben, soweit § 1 in Betracht kommt, gleichen Wert und gleichen Rang im Sinne des Gesetzes. Ein Unterschied zwischen den Papieren wird lediglich in § 2 gezogen, indem dort angeordnet wird, daß von dem gesetzlich vorgeschriebenen Mindestbestande an mündelsicheren Schuldverschreibungen auf den Inhaber mindestens $^3/_5$ in Schuldverschreibungen des Reiches oder Preußens anzulegen sind. Näheres hierüber vgl. in Anm. zu § 2.

b) Mündelsichere Schuldverschreibungen auf den Inhaber sind die folgenden:

A. Nach Reichsrecht gemäß § 1807 BGB.

1. Nach Ziff. 2 verbriefte Forderungen gegen das Reich oder einen Bundesstaat, als welcher nach Art. 5 EG.BGB. auch Elsaß-Lothringen anzusehen ist. Hierher gehören deutsche Reichsanleihen jeder Art, deutsche Reichsschatzanweisungen, preußische Staatsanleihen jeder Art, preußische Schatzanweisungen sowie Anleihen und Schatzanweisungen sämtlicher übrigen deutschen Bundesstaaten.

2. Nach Ziff. 3. Verbriefte Forderungen, deren Verzinsung vom Reiche oder einem Bundesstaate gewährleistet ist.

3. Nach Ziff. 4. Wertpapiere, sowie verbriefte Forderungen

jeder Art gegen eine inländische kommunale Körperschaft oder die Kreditanstalt einer solchen Körperschaft, sofern der Bundesrat die Wertpapiere und Forderungen zur Anlegung von Mündelgeld für geeignet erklärt hat. Auf Grund des § 1807 Nr. 4 sind vom Bundesrat für mündelsicher erklärt worden:

a) Die 4-proz. Schuldverschreibungen der ev. Kirchengemeinde zu Mainz vom Jahre 1900, Bek. v. 22. 3. 01 (RGBl. 37).

b) Verbriefte Forderungen gegen eine inländische kommunale Körperschaft oder die Kreditanstalt einer solchen Körperschaft, wenn die Forderungen von seiten des Gläubigers kündbar sind oder einer regelmäßigen Tilgung unterliegen, Bek. v. 7. 7. 01 (RGBl. 263).

c) Die Kur- und Neumärkischen Kommunalschuldverschreibungen, Bek. v. 28. 12. 01 (RGBl. 1902, 3).

d) Schuldverschreibungen der Deutsch-Ostafrikanischen Gesellschaft, Bek. v. 24. 8. 03 (RGBl. 275).

e) Schuldverschreibungen des Fürstlich-Waldeckschen Domaniums, Bek. v. 18. 3. 05 (RGBl. 180).

f) Die von den Zivilhospizien der Stadt Straßburg zum Zwecke der Erweiterung des Bürgerhospitals ausgegebenen Schuldverschreibungen, Bek. v. 16. 1. 01 (RGBl. 261).

B. Nach Landesrecht. Gemäß Art. 212 EG.BGB. blieben die landesgesetzlichen Vorschriften in Kraft, nach denen gewisse Wertpapiere zur Anlegung von Mündelgeld für geeignet erklärt sind. In Preußen kommt hier Art. 74 PrAG.BGB. in Betracht. Nach diesem sind zur Anlegung von Mündelgeld außer den in § 1807 BGB. bezeichneten Forderungen und Wertpapieren geeignet:

1. Die Rentenbriefe der zur Vermittelung der Ablösung von Renten in Preußen bestehenden Rentenbanken.

Rentenbanken bestehen in Preußen auf Grund des Gesetzes v. 2. 3. 1850 sowie der Gesetze v. 17. 1. 1881 und 7. 7. 1891 betreffend die Errichtung von Rentenbanken zur Beförderung der Ablösung der Reallasten und zur vollständigen Auflösung der Rechtsverhältnisse zwischen den bisherigen Berechtigten und Verpflichteten bzw. betreffend die Beförderung der Errichtung von Rentengütern. Sie bestehen in Königsberg i. Pr.

für Ost- und Westpreußen, in Berlin für Brandenburg, in Stettin für Pommern und Schleswig-Holstein, in Posen für Posen, in Breslau für Schlesien, in Magdeburg für Sachsen und Hannover, in Münster für Westfalen, Hessen-Nassau und die Rheinprovinz.

2. Schuldverschreibungen, welche von einer deutschen kommunalen Körperschaft oder von der Kreditanstalt einer solchen Körperschaft oder mit Genehmigung der staatlichen Aufsichtsbehörde von einer Kirchengemeinde oder einem kirchlichen Verband ausgestellt und entweder von seiten der Inhaber kündbar sind oder einer regelmäßigen Tilgung unterliegen.

Als Wertpapiere der hier genannten Art sind Obligationen und Anleihen der Gemeinden, Städte, Kreise und Provinzen zu nennen, welche diese selbst ausgeben, bzw. durch Vermittelung von Kreditanstalten, die sie ins Leben gerufen haben, ausgeben lassen. Sowohl nach Art. 74 Ziff. 2 als auch nach § 1807 Ziff. 4, unter den diese Papiere ebenfalls fallen, wird nur verlangt, daß die Korporationen deutsch sind, Zugehörigkeit zum preußischen Staat wird nicht gefordert.

3. Die mit staatlicher Genehmigung ausgegebenen Pfandbriefe und gleichartigen Schuldverschreibungen einer Kreditanstalt der in Art. 73 § 1 Abs. 2 PrAG.BGB. genannten Art, d. h. Pfandbriefe und Schuldverschreibungen preußischer öffentlicher Kreditanstalten, die durch Vereinigung von Grundbesitzern gebildet werden und durch staatliche Verleihung Rechtsfähigkeit erlangt haben. Die Gleichstellung außerpreußischer gleichartiger Kreditanstalten bzw. der von ihnen ausgegebenen Pfandbriefe und Schuldverschreibungen mit den hier genannten beruht wiederum auf § 1807 Ziff. 4 BGB.

Als unter Art. 74 Ziff. 3 PrAG.BGB. fallend sind zu nennen die gesamten preußischen Landschaften und die in der Organisation ähnlichen Anstalten. Diese sind:

1. die schlesische Landschaft,
2. die Kur- und Neumärkische Ritterschaft,
3. die westpreußische Landschaft, sowie die westpreußische neue Landschaft,
4. die ostpreußische Landschaft,

5. die pommersche Landschaft,
6. die posensche Landschaft und der neue Kreditverein für die Provinz Posen,
7. das landschaftliche Kreditinstitut des Markgrafentums Ober- und Niederlausitz (Lausitzer Landschaft),
8. das neue brandenburgische Kreditinstitut,
9. der pommersche Landkreditverband,
10. der landschaftliche Kreditverband der Provinz Sachsen (sächsische Landschaft),
11. die westfälische Landschaft,
12. der landschaftliche Kreditverein für die Provinz Schleswig-Holstein,
13. die Zentrallandschaft für die preußischen Staaten.

Nicht in Betracht kommen hier die entsprechenden Organisationen des ehemaligen Königreichs Hannover, z. B. das ritterschaftliche Kreditinstitut für das Fürstentum Lüneburg und der Bremen-Verdensche ritterschaftliche Kreditverein; denn diese Institute geben ihre Darlehne nicht wie die preußischen Landschaften in Pfandbriefen, sondern in barem Gelde aus.

Die von den genannten Instituten ausgegebenen Papiere sind im wesentlichen Pfandbriefe. Von der ostpreußischen Landschaft werden des weiteren Schuldverschreibungen im landschaftlichen Entschuldungsverfahren ausgegeben, die sich von den Pfandbriefen dadurch unterscheiden, daß ihnen nicht Hypotheken innerhalb der ersten $^5/_6$ der landschaftlichen Taxe als Sicherungsmittel gegenüberstehen, sondern Sicherungshypotheken, welche über die für das Entschuldungsverfahren bereits um $^1/_6$ erweiterte Beleihungsgrenze der zu beleihenden Güter herausgehen. Gegen die Mündelsicherheit der landschaftlichen Schuldverschreibungen bestehen trotzdem Bedenken nicht, da die Landschaft für sie gemäß § 5 Abs. 8, 9 und 10 des ersten Nachtrags zur Landschaftsordnung mit denselben Werten haftet, wie für die Pfandbriefe. Bedenken gegen die Mündelsicherheit der landschaftlichen Schuldverschreibungen aus Art. 73 Ziff. 1 PrAG.BGB. sind angesichts der Spezialbestimmung das Art. 74 Ziff. 3 nicht gerechtfertigt. Unter den Pfandbriefen sind zu unterscheiden:

1. Spezialpfandbriefe, welche früher von den Landschaften ausgegeben wurden, und welche gegründet sind auf die spezielle Haftung eines bestimmten Guts, gelegentlich dessen Beleihung sie ausgegeben wurden, sowie auf die landschaftliche Generalgarantie. Diese Pfandbriefe werden heute nicht mehr ausgegeben, weil ihre Übertragung Schwierigkeiten bietet. Bei den Landschaften ist ihre allmähliche Einziehung sowie ihr gleichzeitiger Umtausch gegen neue Pfandbriefe vorgesehen. Werden die Spezialpfandbriefe dem Tresor der Landschaft gegen Aushändigung neuer Pfandbriefe einverleibt, so nehmen sie dortselbst die Stelle der sonst den ausgegebenen Pfandbriefen gegenüberstehenden, auf den Namen der Landschaft lautenden Hypothekenbriefe ein.

2. Neue Pfandbriefe, für welche nicht ein bestimmtes Gut, sondern die Gesamtheit des landschaftlichen Vermögens sowie die Gesamtheit der im landschaftlichen Verbande vereinigten Besitzer vermittels der Generalgarantie haften. (Vgl. zum Begriff der Generalgarantie Dr. Hans Thaßen, die Generalgarantie der ostpreußischen Landschaft, Gruchots Beitr. 53. Jahrg., Berlin 1909.) Der Wert der verschiedenen landschaftlichen Pfandbriefe soll im allgemeinen ein gleichmäßiger sein. Er richtet sich aber praktisch nach den landschaftlichen Taxgrundsätzen und ihrer Handhabung, welche bei den einzelnen Landschaften verschieden sind.

Die Zentrallandschaft für die preußischen Staaten beruht auf dem Statut v. 21. 5. 1873 und bildet einen Verband der preußischen Landschaften, der auf Wunsch der provinziallandschaftlich beliehenen Grundeigentümer als Valuta des Pfandbriefdarlehns statt der Provinzialpfandbriefe zentrallandschaftliche Pfandbriefe ausgibt.

4. Die auf den Inhaber lautenden Schuldverschreibungen, welche von einer preußischen Hypothekenaktienbank auf Grund von Darlehnen an preußische Körperschaften des öffentlichen Rechts, oder von Darlehnen, für welche eine solche Körperschaft die Gewährleistung übernommen hat, ausgegeben sind.

Auf Grund dieser Bestimmung sind nicht als mündelsicher zu betrachten die Pfandbriefe, welche von privaten Hypothekenbanken im allgemeinen ausgegeben werden. Gemeint sind hier lediglich die Schuldverschreibungen, welche diese Hypothekenbanken auf Grund des § 5 Ziff. 2 und § 41 HypBankG. v. 13. 7. 1899 ausgeben. Für die Mündelsicherheit dieser Schuldverschreibungen ist Voraussetzung, daß die der Hypothekenbank als Darlehnsempfängerin oder -gewährleisterin gegenüberstehende öffentlichrechtliche Körperschaft eine preußische ist. Auf diese Schuldverschreibungen finden zum Zwecke ihrer Sicherung gemäß § 41 HypBankG. die Bestimmungen des § 6 Abs. 1 und 4, sowie die §§ 8, 9, 22, 23, 25, 26 und 29—38 desselben, entsprechende Anwendung. Ihre über die Sicherheit der gewöhnlichen Hypothekenpfandbriefe hinausgehende Sicherheit besteht in der Haftung der öffentlichrechtlichen Körperschaft, welche die Gewährleistung übernommen hat. Diese Papiere sind nur in beschränktem Maße auf dem Markt zu haben, da sie unter Hinzurechnung der im Umlauf befindlichen Hypothekenpfandbriefe den für die letzteren in § 7 des Gesetzes bestimmten Höchstbetrag nicht um mehr als den fünften Teil übersteigen dürfen.

Außer den preußischen Bestimmungen über Mündelsicherheit von Inhaberpapieren kommen alsdann die gesamten von den außerpreußischen Bundesstaaten erlassenen Bestimmungen über Mündelsicherheit von Wertpapieren in Betracht. Die Anlage der Sparkassengelder in außerpreußischen, deutschen mündelsicheren Wertpapieren ist in § 4 d. Regl. den Sparkassen ebenfalls gestattet. Die entsprechenden außerpreußischen, landesgesetzlichen Bestimmungen beruhen wie die preußischen auf Art. 212 EG.BGB. (Ihre Zusammenstellung vgl. Staudinger, Kommentar zum BGB., Anmerkungen zu § 1807.)

c) Es steht den Sparkassen frei, nach Belieben unter den angegebenen mündelsicheren Inhaberpapieren die Wahl zu treffen, um dem ihnen auferlegten Anlagezwang zu entsprechen. Die einzige Einschränkung in dieser Hinsicht bedeutet der § 2 des Gesetzes (vgl. die dortigen Anmerkungen). Insbesondere brauchen die Kassen, abgesehen von der Einschränkung des § 2, kein Gewicht darauf zu legen, ob die zum Ankauf gelangenden Papiere preußische oder außerpreußische deutsche Papiere sind.

d) Bei der Auswahl der anzukaufenden Papiere empfiehlt es sich aber, nur auf solche zurückzugreifen, welche

1. zum Handel an größeren Börsen, insonderheit an der Berliner Börse zugelassen sind, und
2. dortselbst regelmäßig in größeren Posten gehandelt werden.

Diese Vorsicht empfiehlt sich mit Rücksicht auf die von den Sparkassen zu wahrende Liquidität, denn nur dann sind die Sparkassen in der Lage ihre Liquidität zu erhalten, wenn sie ihre Bestände an Wertpapieren ohne weiteres an großen Börsen umsetzen können. Auch im freihändigen Verkauf ist der Umsatz im allgemeinen nur dann möglich, wenn die Papiere börsenmäßig gehandelt werden.

Im allgemeinen sind die gesamten als mündelsicher erklärten Papiere zum Börsenhandel zugelassen. Infolgedessen können wegen mangelnder Börsengängigkeit Bedenken gegen den Ankauf dieses oder jenen Papieres nicht erhoben werden. Insbesondere ist die Zulassung der Reichs- und Staatspapiere, der Kommunalobligationen, sowie der Pfand- und Rentenbriefe durch die §§ 39 u. 40 BörsG. v. 27. 5. 08 sogar erleichtert. Ob ein Papier an einer bestimmten Börse in größerem Umfange gehandelt wird, ist Tatfrage und hängt von den örtlichen Verhältnissen ab. Im allgemeinen kann man sagen, daß ein bestimmtes Papier den meisten Absatz und Umsatz an den Börsen desjenigen Bezirks findet, in welchem das Papier beheimatet ist. Im übrigen ist der Umfang des Absatzes eines Papieres aus dem Kurszettel und den täglichen Börsennachrichten zu ersehen.

e) Empfehlenswert ist schließlich die Anlage der Bestände in einer möglichst großen Zahl verschiedenartiger Papiere, denn durch sie wird die Gefahr des Kursverlustes am einzelnen Papier am besten vermieden.

Anmerkung 5.

In § 1 werden drei Gruppen von Sparkassen unterschieden, je nachdem, ob sie 15, 20 oder 25 Proz. ihres verzinslich angelegten Vermögens in Schuldverschreibungen anzulegen haben.

Der Normalfall ist der in Nr. 3 des § 1 genannte, indem die Sparkassen dortselbst generell 25 v. H. ihres Vermögens in Schuldverschreibungen anzulegen genötigt werden. Die Fälle unter 1 und 2 sind Ausnahmefälle gegenüber dem Normalfalle und sind an bestimmte Voraussetzungen geknüpft. Diese Voraussetzungen sind die folgenden:

a) Der Einlagebestand darf nicht 5 bzw. 10 Millionen M. übersteigen.

Der Begriff des Einlagebestandes ergibt sich bereits aus den Erörterungen zum Begriff des verzinslich angelegten Vermögens; er deckt sich, wie dort ausgeführt, mit diesem nicht sondern er bezeichnet lediglich die Summe, welche von den Sparern der Sparkasse als depositum irregulare anvertraut und übereignet wird. Es ist hierbei gleichgültig, unter welchen Bedingungen diese Summen bei den Sparkassen eingezahlt sind; sie können den Kassen sowohl als tägliches Geld als auch unter Vereinbarung einer Kündigungsfrist übermittelt sein. Nicht zum Einlagebestande gehören die den Kassen etwa im depositum regulare in Verwahrung gegebenen Werte (der MErl. v. 3. 7. 05 hat den Sparkassen das sogenannte Depotgeschäft gestattet). Dagegen gehören zum Einlagebestande die Zinsen, welche alljährlich zugunsten der eingelegten Spargelder auflaufen und welche am Schlusse des Rechnungsjahres, soweit sie nicht abgehoben werden, dem Einlagebestande hinzuzurechnen sind. (Vgl. hierzu § 22 Ziff. 1 des Normalstatuts für preußische Sparkassen.) Ein sicheres Kriterium dafür, ob eine Einlage zum Einlagebestand im Sinne des § 1 zu rechnen ist, ist der Umstand, ob die Sparkasse dieser Einlage eine Geldanlage gegenüberzustellen hat. Letzteres ist für die aufgelaufenen und zugeschriebenen Zinsen der Fall.

Über die Gründe, welche die Einteilung der Sparkassen nach der Höhe ihres Einlagebestandes rechtfertigen, vergleiche Anm. 3b.

Es können Zweifel darüber bestehen, wann die Sparkassenverwaltungen zu prüfen haben, wie hoch der jeweilige Einlagebestand sich beläuft. Der Zugang und Abgang sowohl der Einlagen als auch des angelegten Vermögens befindet sich bei jeder Sparkasse dauernd in Fluß. Mit Rücksicht hierauf muß es als eine schwere Belästigung der Verwaltung erscheinen, wenn die Sparkasse jederzeit ihren Einlagebestand genau rechnungsmäßig feststellen müßte und in Anlehnung an das sich ergebende rechnungsmäßige Resultat jederzeit kontrollieren sollte, ob sie mit Rücksicht auf den jeweils vorhandenen Einlagebestand unter die 1., 2. oder 3. Kategorie der in § 1 genannten Kassen zu rechnen ist. Ebenso bedenklich wäre es, wenn man von der Kasse verlangen wollte, rechnungsmäßig ihren Bestand an Inhaberpapieren in jedem Moment danach zu regeln, unter welche Kategorie sie gerade fällt. Es ist auch nicht zu verlangen, daß die Kassen jederzeit mit Rücksicht hierauf sofort zum Ankauf von Inhaberpapieren schreiten. Denn für den Ankauf müssen jeweilige Kursstände kaufmännisch geschickt ausgenutzt werden, und es empfiehlt sich nicht, den Sparkassen die Verpflichtung aufzuerlegen, aus Rücksicht auf eine rigorose Gesetzesvorschrift jederzeit, womöglich in ungünstigen Momenten Papiere zu kaufen. Der MErl. v. 8. 5. 13 verlangt nicht einmal, daß die Sparkassen zu bestimmten Quartalsterminen genau den gesetzlichen Anlegungsvorschriften entsprechen. Nach diesem Erlasse hat, abgesehen von Fällen, in denen sich Sparkassen offensichtlich den Vorschriften des Gesetzes zu entziehen suchen, die Aufsichtsprüfung sich darauf zu beschränken, ob nach dem Jahresabschluß hinsichtlich der Anlegung des im verflossenen Geschäftsjahre erzielten Vermögenszuwachses den Anforderungen des Gesetzes genügt ist. Aus dieser Anweisung ist der Schluß zu ziehen, daß eine Sparkasse im allgemeinen und beim Jahresabschlusse ihren Einlagebestand zu prüfen hat und bei dieser Gelegenheit ermitteln soll, ob sie unter Ziff. 1, 2 oder 3 des § 1 fällt. Selbstverständlich bleibt es den Kassen unbenommen, häufigere Prüfungen vorzunehmen und danach ihre Anlegungspflicht zu bemessen.

b) Kumulativ mit der Höhe des Einlagebestandes ist als Voraussetzung für die Erleichterungen der Ziff. 1 und 2 gegenüber der Ziff. 3 bestimmt, daß sich die Grundstücksbeleihungen und die Gewährung von Darlehen als Personalkredit nach der Satzung im Falle der Ziff. 1 auf den Stadt- und Landkreis, in dem der Garantiebezirk belegen ist, im Falle der Ziff. 2 außer auf den Stadt- und Landkreis des Garantiebezirkes lediglich nur noch auf die angrenzenden Kreise beschränken dürfen.

Wie schon in Anm. 4a gesagt, wird hier im Gesetze keine Vorschrift zwingenden Rechts dahin gemacht, daß die Sparkassen sich in ihren Anlagen auf das Gebiet ihres Garantiebezirkes beschränken sollen, sondern es wird lediglich eine Voraussetzung für die Erleichterungen der Ziff. 1 und 2 gegenüber der Ziff. 3 geschaffen, denen die Kassen sich freiwillig unterziehen können. Der Grund, aus dem für die Erleichterungen der Ziff. 1 und 2 die räumliche Beschränkung der Hypothekenanlagen zur Voraussetzung gemacht wurde, ist der, daß die Sparkassen, wie allgemein beobachtet worden ist, mit ihren Anlagen ihr Heimatsgebiet zugunsten fremder Gegenden vernachlässigt hatten, um durch ihre Hypothekenanlagen einen möglichst hohen Zinsgewinn zu erzielen. Soweit die Sparkassen mit ihren Beleihungen in ferne Gegenden gingen, fehlte ihnen oft ein zuverlässiger Einblick in die Kreditwürdigkeit der von dem Heimatsorte der Sparkasse entfernten Darlehnsnehmer. Ebensowenig besaßen sie eine genügende Kontrolle über die Sicherheit der Taxen der von ihnen zu beleihenden Grundstücke.

Da das Abgeordnetenhaus ein Verbot der Beleihungen der fernab liegenden Grundstücke nicht aussprechen wollte, blieb nichts anderes übrig, als in der geschehenen Weise für die Sparkassen einen freiwilligen Anreiz zu schaffen, nach freiem Belieben auf die Beleihung weit entfernt liegender Grundstücke zu verzichten.

Es sind bei dieser zweiten Voraussetzung der Ziff. 1 und 2 des § 1 zu unterscheiden:

1. Sparkassen ländlicher Kreise,
2. städtische Sparkassen. Unter diesen wiederum
   a) Sparkassen von Städten, welche noch im Kreise befindlich sind,
   b) Sparkassen von Städten, welche einen eigenen Stadtkreis bilden.

Als Normalfall einer vom Gesetz ins Auge gefaßten Sparkasse ist nach den Ausführungen im Abgeordnetenhause und der Kommission des Abgeordnetenhauses eine ländliche Sparkasse, welche einem einzigen Kreise angehört, ins Auge gefaßt worden. Soweit es sich um eine solche Kasse handelt, deren Einlagebestand 5 Millionen M. nicht übersteigt, soll der Einlagezwang sich bei ihr nur auf 15 Proz. des Vermögens erstrecken, sofern die Satzung die Anlage nur für den betreffenden Landkreis gestattet. Geht diese letztere Erlaubnis über den Garantiekreis hinaus und umfaßt sie noch die anzugrenzenden Kreise, so findet Ziff. 2 Anwendung, sofern der Einlagebestand sich unter 10 Millionen M. hält.

Zweifel sind während der Beratungen im Abgeordnetenhause entstanden, wie die sogenannten kreisfreien Städte zu behandeln sind. Soweit der Wortlaut des Gesetzes maßgebend ist, können die kreisfreien Städte auf eine Vergünstigung gemäß Ziff. 1 oder 2 nur rechnen, wenn sie mit ihren Anlagen satzungsgemäß sich innerhalb ihrer eigenen städtischen Grenze halten. Es ist nicht zu verkennen, daß hierin für die städtischen Sparkassen gegenüber den ländlichen Sparkassen eine Härte liegt. Es sind daher im Abgeordnetenhause Anfragen an den Minister ergangen, wie derartige Städte zu behandeln seien. (Vgl. Abgeordneter Schroeder (Kassel) Sitzung 93 v. 11. 11. 12, v. Kardorff Sitzung 89 v. 30. 10. 12.) Der Minister hat zwar geäußert, daß für diese Städte dem Wortlaut gemäß nur der eigene städtische Garantiebezirk in Betracht kommen könne, eine sinngemäße und vom Gesichtspunkte gleichmäßiger Gerechtigkeit getragene Handhabung des Gesetzes gebiete aber, diesen Stadtkreis nicht ungünstiger zu behandeln, als den umgebenden Landkreis. Er ist also mit diesem als eine Einheit zu betrachten. Mit Rücksicht auf den Wortlaut des Gesetzes hat auch die AusfAnw. v. 8. 5. 13 in Ziff. 5 die Einheitlichkeit beider Kreise angeordnet. Selbstverständlich gilt dieses auch zugunsten des Landkreises, falls dieser in dem von ihm umschlossenen Stadtkreise Vermögensanlagen vornehmen will.

Sparkassen von Städten oder Gemeinden, welche aus dem sie umgebenden Landkreise noch nicht ausgekreist sind, werden ohne weiteres in diesem Landkreise ihre Beleihungen vornehmen dürfen.

Einer gesonderten Betrachtung sind diejenigen Sparkassen zu unterwerfen, bei welchen der Stadt- oder Landkreis, in dem sie belegen sind, an einen Bundesstaat angrenzt. Gemäß Ziff. 6 AusfAnw. v. 8. 5. 13 wird im Sinne des § 1 Ziff. 2 ein entsprechender Verwaltungsbezirk dieses Bundesstaates, bzw. bei kleinen Bundesstaaten auch deren ganzes Gebiet, dem Gebiete des Real- und Personalkredits der betreffenden Sparkasse satzungsmäßig hinzugelegt werden können. Die formelle Ermächtigung hierzu muß allerdings gemäß § 4 des Gesetzes von dem zuständigen Oberpräsidenten erteilt werden.

Ebenso bedarf es dieser formellen Ermächtigung durch den Oberpräsidenten in dem Falle, falls bei Sparkassen, deren Garantiebezirk des räumlichen Zusammenhanges mit den übrigen Staatsgebieten überhaupt entbehrt, das nach Ziff. 1 und 2 des § 1 des Gesetzes für den Real- und Personalkredit innezuhaltende Geschäftsgebiet in der Satzung angemessen erweitert werden soll.

Während der Beratungen im Abgeordnetenhause wurden als Sparkassen, welche für diesen Fall in Betracht kamen und welche einer verwaltungsmäßigen Erweiterung ihres Geschäftsgebietes bedürftig sind, die Sparkassen von Helgoland, Wilhelmshafen und Schleusingen in Thüringen genannt.

Weiter zu beachten sind diejenigen Fälle, in denen der Garantiebezirk satzungsmäßig von jeher sich nicht nur auf einen, sondern auf mehrere Kreise erstreckt. Hier ist vor allen Dingen an ständische Sparkassen gemäß § 21 d. Regl. v. 12. 12. 1838 zu denken. In den Beratungen des Abgeordnetenhauses wurde besonders die Sparkasse des Naussauischen Kommunalverbandes genannt (vgl. Abgeordneter Waldstein 89. Sitzung des Abgeordnetenhauses v. 30. 10. 12). Entsprechend der MAnw v. 8. 5. 13 Ziff. 5 wird man hier das gesamte Gebiet des Garantieverbandes als einheitlichen Kreis im Sinne der Ziff. 1 und 2 des § 1 zu betrachten haben. Dasselbe gilt bezüglich der Spareinrichtungen der landschaftlichen und ritterschaftlichen Verbände. Soweit es sich um den Erwerb der Vergünstigung der Ziff. 2 des § 1 des Gesetzes gegenüber der Ziff. 3 handelt, werden auch diese Spareinrichtungen ihre Anlagen in den benachbarten Kreisen des Gebietes wirksam werden lassen können. Nichts zu tun damit hat natürlich die Frage, ob die Satzung an sich ein Hinausgehen über den ureigenen Garantiebezirk gestattet oder gestatten darf. Diese Frage ist lediglich nach dem autonomen Sonderrecht zu beurteilen.

Die Vergünstigung der Ziff. 1 und 2 kann nur erreicht werden, wenn die Satzung die unter den genannten Ziffern erwähnte Beschränkung den Sparkassen bzw. ihren Garantieverbänden auferlegt. Ein freiwilliges, vielleicht systematisches oder beschlußmäßiges Einhalten der Beschränkung ohne satzungsmäßige Anordnung genügt nicht.

Die MAnw. v. 5. 13 unterscheidet im übrigen für die Behandlung der Ziff. 1, 2 und 3 des § 1 die folgenden vier Fälle:

a) Die Satzung enthält keine räumliche Beschränkung des Real- und Personalkredits. Dann findet ohne Rücksicht auf die Höhe des Einlagebestandes die Ziff. 3 des § 1 Anwendung.

b) Die Satzung enthält eine räumliche Beschränkung des Real- und Personalkredits im Sinne des § 1 Ziff. 1, der Einlagebestand übersteigt aber 5 Millionen M. Dann findet, sofern der Einlagebestand nicht etwa 10 Millionen M. übersteigt, die Ziff. 2 des § 1 Anwendung.

c) Die Satzung enthält eine räumliche Beschränkung des Real- und Personalkredits im Sinne des § 1 Ziff. 2, der Einlagebestand übersteigt aber 10 Millionen M. Dann findet die Ziff. 3 des § 1 Anwendung.

d) Die Ziff. 3 des § 1 findet endlich Anwendung bei allen Kassen mit einem Einlagebestand von mehr als 10 Millionen M., gleichviel ob das Real- und Personalkreditgeschäft in der Satzung räumlich beschränkt ist, oder nicht.

Anmerkung 6.

Die Anordnung des Anlagezwanges ist eine Maßnahme, deren Befolgung durch die Verwaltungen der Sparkassen selbst zu beobachten ist. Des weiteren haben die Aufsichtsinstanzen die Pflicht, die Beobachtung des Anlagezwanges ihrerseits zu kontrollieren. Das Gesetz sagt über die Form der Kontrolle und über die Mittel, mit denen etwa widerspenstige Kassen zur Durchführung des Anlagezwanges angehalten werden können, nichts. Es verbleibt infolgedessen in dieser Beziehung bei den sowieso geltenden Vorschriften, insbesondere beim § 19 d. Regl v. 12. 12. 1838 sowie bei den zu diesem Paragraphen ergangenen Ministerialanweisungen. (Das Nähere über die Staatsaufsicht vgl. bei v. Knebel-Doeberitz, Das Sparkassenwesen in Preußen, Berlin, Mittler und Sohn, 1907, § 19 Ziff. 2.) Als Mittel zur Durchführung des Anlagezwanges stehen den Aufsichtsbehörden zu

1. die Befugnis zu ordentlichen und außerordentlichen Revisionen,
2. das Mittel der Zwangsetatisierung sowie die Verhängung von Zwangsstrafen. (Vgl. hierzu §§ 52 und 53 ZustG. v 1. 8. 1883, § 132 G. über die allgemeine Landesverwaltung v. 30. 7. 1883, § 180 der Kreisordnung v. 30. 12. 1872 bzw. 19. 3. 1881.)

Die Rechtsmittel gegen die Anordnungen der Behörde auf dem Gebiete des Anlagezwanges sind dieselben, wie sie sonst nach dem Gesetz über die allgemeine Landesverwaltung und dem Zuständigkeitsgesetze auf dem Gebiete des Sparkassenwesens zulässig sind (§ 56 LVG., § 52 ZustG.).

Soweit die Aufsichtsbehörden, insbesondere der Regierungspräsident und der Oberpräsident, die Befolgung des Anlagezwanges kontrollieren wollen, wird neben der Geschäftsführung im allgemeinen eine Zusammenstellung der Inhaberpapiere zu fordern sein, durch deren Ankauf dem Anlagezwange genügt ist. Auch ist nachzuweisen, daß deren Summe dem durch das Gesetz geforderten Prozentsatz des Vermögens entspricht. Soweit Sparkassen von den Vergünstigungen der Ziff. 1 und 2 des § 1 Gebrauch gemacht haben, ist auch die Innehaltung der satzungsmäßigen Beschränkung von Aufsichts wegen zu kontrollieren. (Vgl. Ziff. 7 d. MAnw. v. 8. 5. 13.)

§ 2.

Von dem nach § 1 von der einzelnen Sparkasse zu haltenden Mindestbestand an mündelsicheren Schuldverschreibungen auf den Inhaber müssen drei Fünftel in Schuldverschreibungen des Deutschen Reichs oder Preußens angelegt werden.

Anmerkung 1.

Der § 2 gibt dem Zwecke des Gesetzes Ausdruck, den Kurs der deutschen Reichspapiere und preußischen Staatspapiere zu heben. Der § 1 schreibt lediglich vor, daß die Kassen bestimmte Prozentsätze an Inhaberpapieren in ihren Tresors zu halten haben, damit die Liquidität der Kasse gehoben wird. Hier dagegen wird der Prozentsatz bestimmt, in dessen Höhe die Kassen ihre Bestände in Staatspapieren anzulegen haben.

Dieser Prozentsatz ist in allen Stadien, welche das Gesetz von seiner Vorlegung an den Landtag an bis zur Königlichen Sanktion durchgemacht hat, stets der gleiche gewesen. Der § 2, dessen Wortlaut während der verschiedenen Beratungen niemals geändert worden ist, hat das Mindestmaß von staatlichen Schuldverschreibungen stets bemessen nach dem Satze von $^3/_5$ der den Kassen durch den Anlagezwang des § 1 auferlegten Inhaberpapierbestände. Diese $^3/_5$ sind zu bemessen nach den unter Ziff. 1, 2 und 3 des § 1 genannten Prozentsätzen des verzinslich angelegten Vermögens, nicht aber nach dem Einlagebestande.

Berechnet man die in § 2 geforderten Prozentsätze aus dem in Betracht kommenden verzinslich angelegten Vermögen, so ergibt sich folgendes Bild:

Da grundsätzlich die Sparkassen 25 Proz. ihres angelegten Vermögens in Inhaberpapieren anzulegen haben, d. h. da die Ziff. 3 des § 1 als der Normalfall anzusehen ist, so beläuft sich der nach § 2 zu berechnende Prozentsatz im Normalfall auf 15 Proz. des angelegten Vermögens. Soweit die Ausnahmefälle der Ziff. 1 und 2 des § 1 vorliegen, haben die Kassen nach § 2 9 bzw. 12 Proz. ihres verzinslich angelegten Vermögens in Reichs- und Staatspapieren anzulegen.

Die Prozentsätze des § 2 beruhen auf zwingender Rechtsnorm. Den Sparkassen ist es nicht gestattet, unter diese Prozentsätze herunterzugehen. Ausnahmefälle beruhen lediglich auf dem Gesetz selbst (§§ 3, 4, 6).

Die in § 2 genannten Papiere sind einerseits Reichspapiere, andererseits Papiere des preußischen Staates. Papiere, welche von den außerpreußischen deutschen Bundesstaaten ausgegeben worden sind, kommen, soweit die Verpflichtung des § 2 erfüllt werden soll, für den Anlagezwang nicht in Betracht.

Anmerkung 2.

Im einzelnen sind als Anlagepapiere im Sinne des § 2 die folgenden zu nennen.

a) Schuldverschreibungen des Deutschen Reiches.

1. Reichsschatzscheine oder Reichsschatzanweisungen. Dieses sind kurzfristige und kurzfällige verzinsliche Anweisungen auf die Reichskasse. Durch Bundesges. des Norddeutschen Bundes v. 6. 11. 1867 sollten Schatzanweisungen auf höchstens 1 Jahr ausgestellt werden. Diese Institution wurde vom Deutschen Reiche übernommen, nachdem dem Reichskanzler 1870 eine Verlängerung der Befristung anheimgegeben worden war. Durch das Etatsges. v. 31. 5. 06 wurde der Reichskanzler ermächtigt, zur vorübergehenden Verstärkung des ordentlichen Betriebsfonds der Reichshauptkasse Schatzanweisungen bis zum Betrage von 350 Millionen M. auszugeben, deren Ausfertigung der preußischen Hauptverwaltung der Staatsschulden übertragen wurde. Zinssatz und Umlaufsfrist bestimmt der Reichskanzler.

Die Schatzanweisungen bilden sogenannte schwebende Staatsschulden, weil sie nur zum Ausgleich momentaner Bedürfnisse ausgegeben werden, nicht aber zur Deckung dauernder Bedürfnisse des Reiches. Sie werden ausgegeben, teils als unverzinsliche, teils als verzinsliche, mehrere Jahre laufende

Schatzanweisungen. Ihre Ausgabe erfolgt im Laufe der Jahre zu verschiedenen Serien, von denen die eine die andere im allgemeinen ablöst. Der Erlös der einen Serie wird zum großen Teil stets zur Einlösung von Schatzanweisungen, die bis dahin im Umlaufe waren, verwandt. Den Höchstbetrag der im Umlaufe befindlichen Schatzanweisungen erreichte das Reich im Jahre 1909 bis zur Bülowschen großen Reichsfinanzreform, mit einem Betrage von 1 Milliarde 438 Millionen M. unverzinslicher und rund 180 Millionen verzinslicher Schatzanweisungen.

2. Reichsanleihen, d. h. feste oder fundierte Reichsschulden bzw. Reichsanleihen. Diese werden vom Reiche aufgenommen zur Deckung dauernder Bedürfnisse, welche nicht durch jährliche Einnahmen gedeckt werden können. Sie werden aufgenommen durch Ausgabe von Reichsschuldverschreibungen, welche zum festen Zinssatze auf Grund von Gesetz aufgenommen werden. Ihre Ausgabe geht zum bestimmten Kurse vor sich.

b) Preußische Staatsschuldverschreibungen.

1. Preußische Schatzanweisungen. Preußen ist dem Vorgange des Reiches gefolgt und hat seit 1907 zum erstenmal 200 Millionen 4-proz. Schatzanweisungen ausgegeben, welche nicht zur vorübergehenden Verstärkung der Betriebsfonds, sondern zur Begebung von bereits genehmigten Anleihekrediten dienten. Zu Beginn 1913 liefen etwa 545 Millionen preußischer Schatzanweisungen um. Durch G. v. 10. 7. 04 wurden zum erstenmal an Stelle von Schuldverschreibungen vorübergehende Schatzanweisungen ausgegeben. Überhaupt ist der Umlauf an Schatzanweisungen in Preußen wesentlich größer als im Deutschen Reiche.

2. Preußische feste oder fundierte Schuld (preußische Staatsanleihen oder preußische Konsols). Diese Papiere werden ausgegeben von der Finanzverwaltung des preußischen Staates auf gesetzlicher Grundlage und stellen Anleihen fundierter Art dar. Sie sind zum größten Teil Eisenbahnschulden, werden verzinst mit 4, $3^3/_4$, $3^1/_2$ und 3 Proz.

Zur Anlage für die Sparkassen in Befolgung der Anweisung des Gesetzes empfiehlt sich im wesentlichen der Ankauf von Reichs- oder Staatsschatzanweisungen. Dieses hat seinen Grund darin, daß beim Ankauf und während des Besitzes dieser Papiere die Sparkassen gar nicht oder nur in geringerem Maße der Gefahr des Kursverlustes ausgesetzt sind, welche sie beim Erwerb von Reichs- und Staatsanleihen riskieren. Die Schatzanweisungen werden zum Parikurse ausgegeben und eingelöst. Bei der Einlösung erhalten diejenigen Besitzer von Schatzanweisungen, welche geneigt und bereit sind, von der gleichzeitig etwa ausgegebenen neuen Serie einen Betrag zu übernehmen, eine Bonifikation. In der Auszahlung dieser Bonifikation liegt für die Sparkassen ein besonderer Anreiz zum Ankauf von Schatzanweisungen. Demgegenüber sind die Sparkassen beim Ankauf von Reichs- und Staatsanleihen der Gefahr des Kursverlustes besonders ausgesetzt, da diese Anleihen von Reich und Staat zum jeweiligen Umlaufskurse getilgt werden.

Der Erwerb der Papiere geschieht für die Kassen entweder bei der Börse oder im Bankverkehr, am besten durch Vermittelung der Reichsbank, oder der preußischen Seehandlung.

Anmerkung 3.

Insoweit die Sparkassen dem Zwange des § 2 des Ges. zu genügen haben, sind gemäß Ziff. 11 AusfAnw. v. 8. 5. 13 den Reichs- und Staatspapieren die Buchforderungen gegen das Reich und den preußischen Staat gleichzustellen und den in § 2 genannten drei Fünfteln des Mindestbestandes an Inhaberpapieren hinzuzurechnen. Dieses beruht zunächst auf der Bestimmung des § 5 des Gesetzes, nach welcher den Schuldverschreibungen des Reiches und Preußens im Sinne des Gesetzes die im Reichsschuldbuch und im Staatsschuldbuch eingetragenen Forderungen gleichstehen. Ferner folgt dieses aus der Natur der Reichs- und Staatsschuldbuchforderungen, indem diese Forrungen an Stelle des Besitzes an Reichs- und Staatsschuldverschreibungen treten und jederzeit durch diese wieder ersetzt werden können. Näheres über die Anlegung von Geldern in Reichs- und Staatsschuldbuchforderungen vgl. in Anm. zu § 5.

§ 11 der AusfAnw. v. 8. 5. 13 rät den Sparkassen sogar an,

von der Benutzung des Reichs- und Staatsschuldbuchs Gebrauch zu machen. Insbesondere wird dies den kleinen ländlichen Kassen empfohlen, da für diese die eigene Aufbewahrung und Verwaltung größerer Reichs- und Staatspapierbestände mangels genügender sicherer Tresors lästig sein kann. Vgl. hierzu den Runderl. v. 20. 5. 12, MBl. des Innern 167.

Anmerkung 4.

Bei der Umschreibung derjenigen Anlagewerte, welche für die $^3/_5$ des Mindestbestandes im Sinne des § 2 in Betracht kommen, ist daran festzuhalten, daß hier nur solche Papiere zum Ankauf gelangen können, bei denen das Reich oder der preußische Staat unmittelbar die Schuldner sind. Auszuscheiden haben infolgedessen an dieser Stelle diejenigen Papiere, bei denen Reich oder Staat neben anderen Rechtssubjekten die Garantie übernommen haben. Dieses folgt aus dem Zweck des Gesetzes, den Kursstand der eigentlichen Staatspapiere zu heben. Für die Erfüllung dieses Zwecks können natürlich lediglich die eigentlichen Staatspapiere in Betracht kommen.

Infolgedessen haben bei der Belegung der $^3/_5$ des Mindestbestandes insbesondere auszuscheiden die Rentenbriefe der preußischen Rentenbanken, denn diese sind nur vom Staate garantiert, bilden aber keine staatlichen Schuldverschreibungen. Sie sind ihnen durch Gesetz auch nicht gleichgestellt.

Selbstverständlich ist, daß zur Belegung der $^3/_5$ des Mindestbestandes praktisch nur verzinsliche Reichs- und Staatsanleihen in Betracht kommen, denn die unverzinslichen würden nicht geeignet sein, zur Aufbringung der Zinsen für den Einlagebestand beizutragen.

Anmerkung 5.

Die restlichen $^2/_5$ des Mindestbestandes im Sinne des § 2 sind zum Ankauf anderer mündelsicherer Schuldverschreibungen auf den Inhaber gemäß § 1 des Gesetzes disponibel. In der Belegung dieser $^2/_5$ sind den Sparkassen Beschränkungen nicht weiter aufgelegt, sie haben also die Wahl unter den in Anm. 4 zu § 1 aufgezählten Papieren. Selbstverständlich steht es den Kassen frei, auch diese $^2/_5$ noch mit Reichs- und Staatspapieren zu belegen. Der Meinung der Gesetzgeber entsprach dies allerdings nicht, denn durch das Gesetz sollte auch mittelbar eine Förderung des Kurses der anderen öffentlichen Kredite herbeigeführt werden. Insbesondere wünchte man bei dieser Gelegenheit, den Kurs der städtischen, provinziellen und Kreisanleihen zu heben. Besonders für die städtischen Anleihen setzten sich im Herrenhause die Vertreter der großen Städte ein. Infolgedessen ist durch das Gesetz der Markt für städtische und sonstige Kommunalanleihen gestärkt und eine Förderung der Kommunalkredite und ihrer Absatzmöglichkeit geschaffen.

Keinem Zweifel unterliegt es, daß im Rahmen der restierenden $^2/_5$ des § 2 auch Kommunalobligationen angekauft werden dürfen, welche von dem eigenen, die einzelne Sparkasse betreibenden Garantieverbande ausgegeben sind. Durch den bloßen Ankauf eines von dem Garantieverbande selbst ausgegebenen Inhaberpapieres wird dieses nicht ohne weiteres wertlos, vielmehr ruht während der Besitzzeit des Garantieverbandes lediglich dessen Gläubigerrecht. Wegen der Trennung der Sparkassenbestände und der Sparkassenverwaltung von der übrigen Kommunalfinanzverwaltung ist aber darauf zu halten, daß in diesem Falle die Sparkassen die betreffenden Kommunalschuldverschreibungen in ihrem eigenen Tresor haben und daß eine regelmäßige Einlösung der Kupons seitens der Kasse bei der anderen Kommunalfinanzverwaltung stattfindet.

Durch Erl. des Ministers des Innern v. 8. 5. 13 ist zur Belegung der restierenden $^2/_5$ des § 2 den Sparkassen besonders der Ankauf der preußischen Rentenbriefe empfohlen worden, mit Rücksicht auf die ihnen gleichzeitig innewohnende dingliche Sicherheit und staatliche Garantie; ferner aus dem Grunde, weil sie stets zum Nennwerte ausgelost werden und infolgedessen bei einem Ankauf unter Pari bei ihrer Einlösung Kursverluste ausgeschlossen sind. (Vgl. Ziff. 12 AusfAnw. v. 8. 5. 13.)

§ 3.

Sparkassen, welche den nach §§ 1 und 2 zu haltenden Bestand an mündelsicheren Schuldverschreibungen auf den Inhaber nicht besitzen, haben bis zur Erreichung dieses Besitzstandes alljährlich von dem Zuwachs ihres verzinslich angelegten Vermögens einen Prozentsatz in mündelsicheren Schuldverschreibungen auf den Inhaber und zwar in dem im § 2 vorgesehenen Anteilsverhältnis anzulegen, der den Prozentsatz des von ihnen in mündelsicheren Schuldverschreibungen auf den Inhaber zu haltenden Besitzstandes um 5 vom Hundert übersteigt.

Verstärkt eine Sparkasse in einem Jahre über diese Grenze hinaus ihren Besitzstand an mündelsicheren Schuldverschreibungen auf den Inhaber, insbesondere an Schuldverschreibungen des Reichs oder Preußens, so kann sie den Mehrbetrag auf die in diesen Schuldverschreibungen künftig anzulegenden Beträge in Anrechnung bringen.

Anmerkung 1.

Der § 3 des Gesetzes regelt die Fälle, in welchen Sparkassen die in den §§ 1 und 2 angeordneten Prozentsätze an Schuldverschreibungen auf den Inhaber, insbesondere an Reichs- und Staatspapieren in ihrem Anlagebestande noch nicht aufweisen, und in denen diese Prozentsätze zu beschaffen sind. Es sei gleich hier einem von den Gegnern des Gesetzes schon während der allgemeinen Besprechung der Vorlage ausgesprochenen Irrtum begegnet, als wenn in Fällen, in denen bei Inkrafttreten des Gesetzes die Mindestgrenze nicht erreicht wird, der Mindestbestand sofort beschafft werden sollte. Irrtümlich ist die Meinung vertreten worden, daß beabsichtigt worden sei, die Sparkassen zu nötigen, einen Teil ihrer Anlagewerte, insbesondere ihrer Hypotheken, sofort zu verkaufen und Inhaberpapiere, insbesondere Staatspapiere, an deren Stelle anzuschaffen. Diese Meinung trifft aber angesichts des § 3 nicht zu.

Anmerkung 2.

§ 3 regelt vielmehr für die Fälle, in denen das Mindestmaß nicht erreicht ist, diese Erreichung durch einen allmählichen Ankauf der erforderlichen Inhaberpapiere und Staatspapiere. Solche Sparkassen, wie die genannten, sollen nach § 3 ihren Inhaberpapierbesitz allmählich verstärken. Der Paragraph bestimmt, daß diese Sparkassen alljährlich einen Betrag an Inhaberpapieren und zwar in dem in § 2 vorgesehenen Anteilsverhältnis anzulegen haben, der den Prozentsatz, den sie im Beharrungszustande auf Grund des § 1 zu halten haben, um 5 Proz. übersteigt. Doch soll bei dem jährlichen Erwerb von Inhaberpapieren und bei der Berechnung deren Summe auf den jährlichen Zuwachs an Anlagevermögen überhaupt zurückgegangen werden; nur von diesem Zuwachs sollen die Prozentsätze berechnet werden. Wenn demnach nach § 1 Ziff. 3 eine Sparkasse 25 Proz. ihres Anlagebestandes in Inhaberpapieren anzulegen hat, diesen Bestand aber nicht erreicht, so soll nur von dem Zuwachse ein Satz von 30 Proz. jährlich angelegt werden, und von diesen 30 Proz. gemäß § 2 $^3/_5$, d. h. 18 Proz. in Reichs- und Staatspapieren. Diese Verstärkung hat indessen immer nur bis zur Erreichung des nach §§ 1 und 2 zu haltenden Besitzstandes zu erfolgen; und zwar, wie die Bezugnahme auf die §§ 1 und 2 beweist, sowohl zur Erreichung der für den Inhaberpapierbesitz überhaupt, als auch der für den Besitz an Reichs- und Staatspapieren insbesondere, geltenden Mindestgrenze. Hat also im vorstehenden Beispiel eine Sparkasse mit 25 Proz. Mindestgrenze des Inhaberpapierbesitzes zwar diesen Besitzstand im ganzen, aber noch nicht das Anteilsverhältnis des § 2 erreicht, so hätte sie zwar nach § 3 ihren Inhaberpapierbesitz an sich um 30 Proz. des Zuwachses, darunter ihren

Reichs- und Staatspapierbesitz um 18 Proz. zu verstärken. Da diese Verstärkung aber nur bis zur Erreichung des Besitzstandes der §§ 1 und 2 vorgeschrieben ist, so hat sie nur noch die $^3/_5$ der 30 Proz., also 18 Proz. des Zuwachses in Reichs- und Staatspapieren anzulegen, im übrigen aber ihren Gesamtbestand an Inhaberpapieren nur so weit zu verstärken, daß er auf 25 Proz. ihres verzinslich angelegten Vermögens verbleibt.

Anmerkung 3.

Die Verstärkung des Inhaberpapierbesitzes soll nur von dem jährlichen Zuwachs des verzinslich angelegten Vermögens erfolgen, d. h. aus dem Überschuß des verzinslich angelegten Vermögens des laufenden Jahres über den des Vorjahres.

Mit Rücksicht hierauf brauchen Sparkassen, welche die Mindestgrenze des § 1 nicht erreichen und über einen Vermögenszuwachs auch nicht verfügen, Anschaffungen überhaupt nicht zu machen und es brauchen Erwerbungen an Inhaberpapieren überhaupt wie an Reichs- und Staatspapieren insbesondere in diesem Falle nicht gemacht zu werden. Auch in diesem Falle brauchen Veränderungen im bestehenden Anlagebesitz durch Verkauf von Hypotheken und sonstigen Anlagen nicht vor sich zu gehen.

Anmerkung 4.

Zur näheren Erläuterung der nach § 3 möglichen Einzelfälle sind im Bericht der Finanzkommission des Herrenhauses (Drucksache 73 der Session 1912 des Herrenhauses) seitens des Berichterstatters der Kommission, Grafen York von Wartenburg, die verschiedenen denkbaren Einzelfälle übersichtlich zusammengestellt. Sie seien hier der deutlichen Erklärung halber abgedruckt.

A. Es findet kein Zuwachs statt, dann brauchen keine anderen Inhaberpapiere und keine Staatsschuldverschreibungen gekauft zu werden, gleichgültig, ob die Kasse den gesetzlichen Mindestanforderungen genügt oder nicht.

B. Es findet ein Zuwachs statt, und

1. die Kasse überschreitet hinsichtlich des Bestandes sowohl an Staatspapieren, als an anderen mündelsicheren Inhaberpapieren die gesetzlichen bzw. die statutarischen Anforderungen, dann brauchen, soweit nicht durch Zurechnung des nicht in Inhaberpapieren angelegten Zuwachses die Mindestgrenzen unterschritten werden, ebenfalls weder Staatspapiere noch andere Inhaberpapiere gekauft zu werden;

2. die Kasse besitzt zwar ausreichend andere Inhaberpapiere, nicht aber Staatspapiere, dann sind so lange, bis die vorgeschriebene Teilquote des Besitzes an Staatspapieren erreicht ist, $^3/_5$ des statutarischen oder gesetzlichen Prozentsatzes des Zuwachses, also beispielsweise, wenn die Hauptquote des geforderten Besitzes an sämtlichen Inhaberpapieren 25 Proz. beträgt, 18 Proz. des Zuwachses zum Ankauf von Staatspapieren, ohne obligaten Neuerwerb anderer Inhaberpapiere zu verwenden;

3. die Kasse besitzt ausreichend Staatspapiere, aber nicht ausreichend andere mündelsichere Inhaberpapiere, dann braucht sie zur Verstärkung ihres Bestandes an Inhaberpapieren nur $^2/_5$ des statutarischen oder gesetzlichen Prozentsatzes des Zuwachses, also bei dem gewählten Beispiele 12 Proz. des Zuwachses so lange zum Ankauf von mündelsicheren Inhaberpapieren, seien dies Staatsschuldverschreibungen oder andere mündelsichere Inhaberpapiere, zu verwenden, bis der vorgeschriebene Gesamtprozentsatz an Inhaberpapieren, in dem gewählten Beispiele 25 Proz., erreicht ist, mit der Maßgabe, daß es zulässig ist, daß die Sparkasse nur Staatspapiere und gar keine anderen Inhaberpapiere erwirbt;

4. die Sparkasse besitzt nicht ausreichend Staatspapiere und nicht ausreichend andere mündelsichere Inhaberpapiere: in diesem Falle ist bis zur Erreichung der gesetzlichen Mindestgrenzen der vorgeschriebene Prozentsatz des Zuwachses geteilt in die beiden Unterquoten (in dem gewählten Beispiele 18 Proz. und 20 Proz.) so lange zur Auffüllung der Bestände zu verwenden, bis jeweils die vorgeschriebenen Bestandshöhen an Staatspapieren bzw. an anderen Inhaberpapieren erreicht sind. Wird

hierbei die Mindestgrenze der Staatspapiere eher überschritten als diejenige der anderen Inhaberpapiere, so kann der Überschuß an Staatspapieren der Erreichung der Gesamtquote des Besitzes an Inhaberpapieren (in dem gewählten Beispiel 25 Proz.) zugute kommen, nicht aber umgekehrt;

5. die Kasse hat genau den vorgeschriebenen Stand an Inhaberpapieren beider Arten, dann muß auch ein Prozentsatz des Zuwachses, welcher gleich hoch ist, wie der statutenmäßig bzw. gesetzlich vorgeschriebene Prozentsatz des Besitzes an Inhaberpapieren (nicht 5 Proz. höher), unter entsprechender Festsetzung der auf Staatspapiere und andere mündelsichere Inhaberpapiere entfallenden Unterquoten, in Inhaberpapieren (Staatspapieren und anderen) angelegt werden (für das gewählte Beispiel also 25 Proz. [nicht 30] und 15 [nicht 18] sowie 10 [nicht 12 Proz.]), wobei es zulässig ist, in Bevorzugung der Staatspapiere die auf sie entfallende Unterquote zu erhöhen, nicht aber umgekehrt.

Der MErl. zur Ausführung des Gesetzes v. 8. 5. 13 hat die Kommentierung des § 3 des Grafen York von Wartenburg in Ziff. 8 und 9 fast wörtlich übernommen. Es sei hier auf die Ausführungsanweisung verwiesen.

Anmerkung 5.

Der Vermögenszuwachs tritt im Laufe des Jahres ein; er wird im Laufe des Jahres durch wöchentliche und monatliche Kassenabschlüsse fortdauernd verfolgt; der Jahresabschluß stellt ihn im Schlußergebnis rechnerisch fest. Mit jedem Vermögenszuwachs, soweit er nicht als Barbestand zurückbehalten, oder in verzinslichen Werten festgelegt wird, erweitert sich das Anlagegeschäft der Kasse, sei es im Realkredit, im Personalkredit, im Inhaberpapierbesitz oder in anderen Anlagen. Der Jahreszuwachs steht daher nicht etwa im Jahresabschluß zur Anlage zur Verfügung, sondern wenn im Jahresabschluß seine Höhe rechnerisch festgestellt wird, ist er bereits angelegt. Die Verpflichtung, aus dem jährlichen Vermögenszuwachs den Inhaberpapierbesitz auf der in § 1 vorgeschriebenen Höhe zu erhalten oder in der in § 3 vorgesehenen Weise zu vermehren, ergibt daher für das Anlagegeschäft der Kasse die Anforderung, die Neuanlagen im Laufe des Jahres derart auf die verschiedenen Anlagearten zu verteilen, daß dem Jahreszuwachs entsprechend am Jahresschlusse auch die erforderlichen Anlagen in Inhaberpapieren, insbesondere Reichs- und Staatspapieren vorhanden sind. Gelingt das im Einzelfalle nicht völlig, weil z. B. im letzten Monat erwartete Neueinlagen, auf die für die Vermehrung des Inhaberpapierbestandes gerechnet war, ausbleiben, so wird die Kasse den Fehlbetrag an Inhaberpapieranlagen im folgenden Jahre nachzuholen haben; in der Regel wird sich dies schon bis zum Abschluß der meist mehrere Wochen und Monate sich hinziehenden Rechnungsaufstellung ermöglichen lassen. Hat andererseits eine Kasse den an Inhaberpapieren in einem Jahre anzulegenden Betrag überschritten, sei es, daß sie den schließlichen Vermögenszuwachs im Laufe des Jahres überschätzt hat, oder daß sie größere Inhaberpapierankäufe für vorteilhaft hielt und solche freiwillig über das gebotene Maß hinaus machte, so kann sie nach Abs. 2 des § 3 den Mehrbetrag ohne weiteres auf die im nächsten Jahre, oder wenn sie in diesem keinen Vermögenszuwachs hat, im übernächsten Jahre usw. anzuschaffenden Inhaberpapiere anrechnen. Der § 3 gibt daher ebenso wie die §§ 1 und 2 lediglich einen Grundsatz für das Anlagegeschäft der Kassen, dem heute schon die Praxis zahlreicher Kassen entspricht, ohne die Kassen in der Bewegungsfreiheit und in der Entscheidung über die zeitliche Zweckmäßigkeit des einzelnen Effektenankaufs nennenswert zu beschränken.

§ 4.

Der Oberpräsident kann unter besonderen Verhältnissen ausnahmsweise Sparkassen Erleichterungen von den Auflagen dieses Gesetzes nachlassen, wenn dies ohne wesentliche Beeinträchtigung ihrer Liquidität geschehen kann.

Anmerkung 1.

Der § 4 überträgt auf die Oberpräsidenten das Recht, unter besonderen Verhältnissen ausnahmsweise den Sparkassen Erleichterungen von den Auflagen des Gesetzes nachzulassen, wenn dies ohne wesentliche Beeinträchtigung ihrer Liquidität geschehen kann. Diese Befugnis ist ein Ausfluß des den Oberpräsidenten gemäß § 2 d. Regl. v. 12. 12. 1838 zustehenden Aufsichtsrechts über die Sparkassen. Allerdings ist zu beachten, daß es sich bei dem in § 4 des Gesetzes den Oberpräsidenten übertragenen Rechte um eine Befugnis handelt, Abweichungen vom Gesetze zu gestatten, während in § 2 d. Regl. den Oberpräsidenten nur eine allgemeine verwaltungsrechtliche Aufsicht eingeräumt wird, die sich im wesentlichen darin erschöpft, bei der Errichtung einer Sparkasse durch Feststellung ihrer Statuten mitzuwirken. Für die Ausübung der in § 2 d. Regl. den Oberpräsidenten eingeräumten Rechte gibt es daher keine im Gesetz begründete Direktive. Ihre Wirksamkeit ist dort lediglich an die Gesichtspunkte der verwaltungsmäßigen Nützlichkeit gebunden. Für die Tätigkeit des Oberpräsidenten im Rahmen des § 4 des Gesetzes sind dagegen in dem Gesetze selbst Grenzen gezogen.

Anmerkung 2.

Die Befugnis des § 4 sind gerade den Oberpräsidenten übertragen, weil diese sowieso als Sparkassenaufsichtsinstanz fungieren. Ferner glaubte die Regierung in ihnen ein besonders unabhängiges und selbständiges Organ zu haben, dessen Wirksamkeit nicht eingeengt wurde durch etwaige Kollegialbeschlüsse. Gerade wegen dieser Unabhängigkeit legte die Regierung Gewicht darauf, daß nicht etwa der Provinzialrat mit den Befugnissen des § 4 betraut wurde. Man erwog auch, daß der Provinzialrat seiner ganzen Struktur nach nur eine beschließende, begutachtende, beratende und zustimmende Behörde ist, dagegen kein Organ der Exekutive. Der Gedanke, den Bezirksausschuß mit den Befugnissen des § 4 zu betrauen, wurde fallen gelassen, weil dieser im wesentlichen eine richterliche Behörde ist.

Die Zuständigkeit aus § 4 ist in allen Provinzen auf den Oberpräsidenten übertragen. Ein Versuch für Schleswig-Holstein eine Ausnahmebestimmung zu schaffen und den Oberpräsidenten dort durch den Provinzialrat zu ersetzen, schlug fehl. Für die hohenzollernschen Lande werden die Befugnisse des Oberpräsidenten gemäß § 8 Abs. 1 des Gesetzes durch den Minister des Innern ausgeübt.

Anmerkung 3.

Sachlich handelt es sich im § 4 um die Befugnis zur Gewährung von Befreiungen, die unter besonderen Verhältnissen zur Vermeidung etwaiger Härten des Gesetzes notwendig werden.

Die den Oberpräsidenten durch das Gesetz gezogenen Grenzen sollen eng sein. Dafür sprechen die Worte „unter besonderen Verhältnissen" und „ausnahmsweise". Die ursprüngliche Fassung des Gesetzes gab dem Gedanken, daß die Grenze eng gezogen sein sollte, noch weiter dadurch Ausdruck, daß sie als weitere Voraussetzung für die Anwendbarkeit des § 4 noch verlangte, daß die Befreiung von der gesetzlichen Auflage zur Befriedigung des in dem Garantiebezirk der betreffenden Kasse hervorgetretenen Kreditbedürfnisses erforderlich wäre. Man hat diese letztere Bestimmung aus dem Gesetze gestrichen, weil die schließlich gewählte Fassung dem Willen des Gesetzgebers einen genügend prägnanten Ausdruck zu geben schien.

Mit den Worten „unter besonderen Verhältnissen" ist gesagt, daß bestimmte sachliche Gründe vorliegen müssen, welche die Abweichung von der Regel gerechtfertigt erscheinen lassen. Sie sollen die Oberpräsidenten darauf hinweisen, daß nicht lediglich das freie Ermessen bei der Erteilung der Erlaubnis maßgebend sein soll. Sie bilden eine Direktive für seine Entschließungen, wenn in einem Einzelfalle eine Abweichung von der gesetzlichen Vorschrift gestattet werden soll. Es wird Gewicht darauf zu legen sein, daß in dem die Erlaubnis aus § 4 nachsuchenden Bericht die besonderen Verhältnisse ausführlich dargelegt werden. Bei ungenügender Begründung des Gesuchs wird der Oberpräsident auf ausführlichere Motivierung zu bringen haben. Mit den Worten „ausnahmsweise" wird darauf hingewiesen, daß die Oberpräsidenten in der Regel es bei dem gesetzlichen Zustande zu belassen haben und nur in ganz besonders gelagerten Fällen den Nachlaß aus § 4 gewähren dürfen.

Anmerkung 4.

Was unter „besonderen Verhältnissen" zu verstehen ist, sagt das Gesetz absichtlich nicht. Denn die wirtschaftlichen Bedürfnisse, denen gerade durch den § 4 Rechnung getragen werden sollte, können so vielgestaltige sein, daß eine genaue Umschreibung des Begriffs oder die Aufzählung von Einzelfällen die Bedeutung des Paragraphen herabgemindert hätte. Gerade von einer Aufzählung etwa in Betracht kommender Verhältnisse im Gesetze selbst hat man Abstand genommen, um nicht für irgendwelche anfänglich nicht in Betracht gezogene Fälle die Anwendbarkeit des § 4 auszuschließen. Als besondere Verhältnisse kommen in Betracht:

a) Örtliche. Es ist hier zu denken an Sparkassen, welche in gemischtsprachigen, national gefährdeten Landesteilen liegen, und welche mit Rücksicht auf einen etwaigen Nationalitätenkampf bei strenger Durchführung des Anlagezwanges der §§ 1, 2 und 3 dem Wettbewerb deutschfeindlicher privater Kreditorganisationen nicht gewachsen sind. Infolgedessen wird ein Nachlaß im Sinne des § 4 besonders für westpreußische, posensche, oberschlesische und nordschleswigsche Sparkassen angezeigt erscheinen.

b) Zeitliche. Hier ist an Kassen zu denken, die noch in dem Stadium der Anfangsentwickelung stehen und deshalb einer größeren Bewegungsfreiheit in ihrer Anlagetätigkeit bedürfen.

In diesem Sinne spricht sich auch Ziff. 13 d. MErl. v. 8. 5. 13 aus. Als nicht hinreichender Grund, von der Befugnis des § 4 Gebrauch zu machen, wird dort die Herabminderung der bisherigen Sparkassenüberschüsse bezeichnet, welche leicht von den Sparkassen als Anlaß gewählt werden könnte, um auf

Kosten der Liquidität Ermäßigungen von den Anforderungen des Gesetzes zu erbitten.

Im übrigen spricht Ziff. 13 des genannten MErl. die Erwartung aus, daß Erleichterungen gemäß § 4 nicht zur Regel werden und nur gewährt werden würden, soweit es ohne wesentliche Beeinträchtigung der Liquidität geschehen kann.

Anmerkung 5.

Die Formen, in welchen die Erleichterungen gemäß § 4 gewährt werden, können verschiedene sein.

a) Das Statut selbst wird auf Grund des § 4 d. Regl. v. 12. 12. 1838 vom Oberpräsidenten in einer vom Gesetz abweichenden Weise genehmigt.

b) Das Statut selbst bleibt mit der Gesetzesvorschrift im Einklang. Es wird nur beschlußmäßig auf Zeit und unter Innehaltung bestimmter Bedingungen eine generelle Abweichung zugelassen.

c) Es wird für einen Einzelfall eine abweichende Behandlung der Dinge gestattet.

In allen Fällen, in denen die Oberpräsidenten von der Ermächtigung des § 4 Gebrauch machen, wird darauf zu halten sein, daß mit der Zeit der vom Gesetze vorgesehene Zustand hergestellt wird. Insbesondere wird im Falle a) nach Ablauf der die Abweichung etwa rechtfertigenden Zeit die Sparkasse aufzufordern sein, das Statut in Einklang mit dem Gesetz zu bringen. Die zu b) und c) erteilte Erlaubnis wird bei veränderten Verhältnissen zurückzuziehen sein.

Ziff. 13c des MErl. v. 8. 5. 13 empfiehlt übrigens, die Erleichterungen generell zeitlich zu begrenzen und sie zunächst überhaupt nicht über einen Zeitraum von 5 Jahren hinaus zu erstrecken. Nach Ablauf des gewährten Zeitraumes soll alsdann in eine erneute Prüfung der Verhältnisse eingetreten werden, auf Grund welcher befunden werden kann, ob die Erleichterungen noch auf einen weiteren Zeitraum ausgedehnt werden sollen.

Besonders zu behandeln sind die unter Anm. 5 zu § 1 des

Gesetzes besprochenen Fälle, wo es sich um die Abgrenzung des Tätigkeitsgebietes kleiner Sparkassen handelt. Hier wird man allerdings die auf Grund des § 4 gegebene Befugnis auf die Dauer erteilen müssen oder wenigstens nach Ablauf der etwa fünfjährigen Frist ohne weiteres zu verlängern haben, weil sonst der Betrieb dieser Sparkassen eine gänzliche Umwandelung erfahren müßte.

Anmerkung 6.

Bei jedem Nachlaß im Sinne des § 4 hat der Oberpräsident zu berücksichtigen, daß durch die Gewährung der Befreiung die Liquidität der Sparkassen nicht wesentlich beeinträchtigt wird. Denn auch in dem Ausnahmefall des § 4 soll dieser Grundgedanke des Gesetzes unter keinen Umständen vernachlässigt werden.

Zum Begriff der Liquidität einer Sparkasse gehört, daß diese in der Lage ist, den jeweiligen Anforderungen, welche durch die Sparer an Auszahlung von Barbeträgen an sie gestellt werden, zu entsprechen, soweit diese Anforderungen sich im Einklange mit der Fälligkeit der im einzelnen Falle zurückgeforderten Spareinlagen halten. Daraus folgt, daß die Sparkassen um den Abhebungsbedürfnissen der Sparer genügen zu können, ein genügendes Maß an Barmitteln bereit halten müssen, um die zurückgeforderten Spareinlagen auszahlen zu können. Das Höchstmaß der diesem Zwecke entsprechenden Beträge braucht die Summe der auf tägliches Geld eingezahlten Spareinlagen nicht zu überschreiten, denn die Spareinlagen, deren Abhebung an eine Kündigungsfrist gebunden ist, können nicht sofort zurückverlangt werden. Die Kassen werden also bezüglich dieser Einlagen schnell flüssig zu machender Anlagebestände nicht benötigen. Die Erfahrung hat aber gelehrt, daß praktisch in Normalzeiten dieses Höchstmaß an liquiden Beständen nicht erreicht zu werden braucht, weil die große Masse der auf tägliches Geld eingezahlten Einlagen im allgemeinen niemals gleichzeitig abgehoben zu werden pflegt, vielfach sogar recht lange den Sparkassen anvertraut bleibt. Die Grenze der Liquidität ist daher in Übereinstimmung mit den Erfahrungen der Praxis im Gesetze im § 1 festgestellt, und man kann sagen, daß Sparkassen im allgemeinen liquide sind, wenn sie 25 Proz. ihrer Anlagen für die sofortige Flüssigmachung und Abhebung parat halten. § 1 hat auch diejenigen Fälle unter Ziff. 1 und 2 benannt, in denen man geringere Anforderungen an die Liquidität zu stellen berechtigt ist.

Die Sparkassen wahren ihre Liquidität dadurch, daß sie für die jederzeitige Abhebung ihrer Einlagen ein entsprechendes Maß von Barbeständen, jederzeit kündbarer Forderungen an Banken, an Wechseln, sowie an schnell umsetzbaren Inhaberpapieren in ihren Anlagebeständen halten. Ungeeignet zur Wahrung der Liquidität sind Hypotheken, da diesen nur bestimmte Wertobjekte als Sicherheit gegenüberstehen, welche dem großen Publikum in seiner Allgemeinheit zur Anlegung von Geldern nicht genehm sind. Insbesondere eignen sich Hypotheken in Kriegszeiten zur Wahrung der Liquidität nicht, weil die einzelnen Haftungsobjekte in solchen Zeiten plötzlich entwertet werden können.

§ 4 gestattet, das grundsätzliche Maß an Liquidität, wie es in § 1 für die einzelnen Kassen bestimmt ist, nur unwesentlich zu unterschreiten. Der Oberpräsident, welcher im einzelnen Falle die Genehmigung hierzu zu erteilen hat, wird stets darauf zu sehen haben, daß den Anforderungen an Liquidität wenigstens noch einigermaßen entsprochen wird. Die Gesichtspunkte, nach denen die Oberpräsidenten hier zu handeln haben, ergeben sich aus der Praxis. Sie knüpfen an an diejenigen Fälle, in denen erfahrungsgemäß starke Anforderungen an die Liquidität von Sparkassen gestellt zu werden pflegen. Danach werden großstädtische Sparkassen stets das Höchstmaß an Liquidität zu präsentieren haben müssen; denn in Großstädten, insbesondere in Städten mit starker Arbeiterbevölkerung, werden gelegentlich von Streiks, aufregenden politischen Gerüchten, Krankheitsepidemien usw. erfahrungsgemäß oft die gesamten Spareinlagen plötzlich zurückgefordert, in solchen Fällen kann dem Geldbedürfnisse nur durch Verkauf oder Lombardierung der Inhaberpapiere, insbesondere der Staatspapiere, genügt werden. Ländlichen Kassen, oder Kassen, welche in Gegenden liegen, deren Bevölkerung ruhigen Temperaments die kommenden Dinge abzuwarten pflegt, können Erleichterungen eher gewährt werden. An der Landesgrenze empfiehlt es sich, strenge Anforderungen an die Liquidität zu stellen.

Anmerkung 7.

Gegen die Entscheidungen des Oberpräsidenten gibt es, da sie als Verwaltungsmaßnahmen anzusehen sind, die Beschwerde an den Minister des Innern. Eine Klage im Verwaltungsstreitverfahren ist nicht zulässig, da § 52 ZustG. für Sparkassenangelegenheiten eine solche überhaupt nicht gewährt.

§ 5.

Den Schuldverschreibungen des Reichs oder Preußens stehen im Sinne dieses Gesetzes die im Reichsschuldbuch oder im preußischen Staatsschuldbuch eingetragenen Forderungen gleich.

Das Reich und der preußische Staat haben in dem sogenannten Reichs- bzw. Staatsschuldbuch Einrichtungen geschaffen, mit deren Hilfe sie außer durch Aufnahme von Anleihen in Schuldverschreibungen ihrem Kreditbedürfnisse genügen. Hinsichtlich der Einrichtung des Staatsschuldbuchs sind für Preußen die Gesetze v. 20. 7. 1883 (GS. 120), v. 21. 4. 1886 und 8. 6. 1891 (GS. 124 bzw. 105), v. 24. 7. 04 (GS. 167) und v. 22. 5. 10 (GS. 47); für das Reich die Reichsgesetze v. 31. 5. 1891 (RGBl. 321), v. 28. 6. 04 (RGBl. 251) und v. 6. 5. 10 (RGBl. 665) maßgebend. Nach diesen Gesetzen können auf Antrag sogleich Buchschulden gegen Zahlung der erforderlichen Beträge neu eingetragen werden.

Andererseits werden die Eintragungen bewirkt gegen Hingabe von entsprechenden Reichs- oder Staatspapieren. Es findet alsdann eine Umschreibung der Inhaberschuldverschreibungen in Buchforderungen auf den Namen eines bestimmten Gläubigers, im Falle des behandelten Gesetzes also der betreffenden Sparkasse, statt. Die Vorteile für die Kapitalisten und Sparer liegen darin, daß sie gegen den Verlust ihrer Papiere durch Diebstahl, Brand oder Veruntreuung geschützt und der Verwaltung ihres Kapitals der Aufbewahrung der Anleihestücke, insbesondere der Präsentation und Umsetzung der Zinsscheine überhoben werden, da sie noch vor dem Fälligkeitstermin die Zinsbeträge bar bei Sparkassen oder Reichsbankanstalten abheben oder durch die Post sich zusenden oder auf ein Girokonto übertragen lassen können.

Über die zu den verschiedenen Zinssätzen (3, $3^1/_2$, 4 Proz.) ausgeschriebenen Forderungen werden besondere Bücher geführt. Abschriften dieser Bücher werden in getrennten Räumen aufbewahrt, über den Inhalt darf an dritte Personen Auskunft nicht erteilt werden. Für Eintragungen, Vermerke, Löschungen werden Gebühren so gut wie gar nicht erhoben. Gebührenpflichtig ist lediglich noch die Austragung der Buchschuld, d. h. die Wiederumwandlung in ein Inhaberpapier. Sie kostet $7^1/_2$ Pfg. für 100 M. Provision und Courtage kann sich der Gläubiger ersparen, wenn er sich an die Seehandlung (Preußische Staatshandlung) wendet und dort sein Geld einzahlt, da diese jede gewünschte Buchforderungseintragung provisions- und courtagefrei besorgt. Auch können kostenlos bei jeder Postanstalt innerhalb Preußens an die Seehandlung auf deren Konto Geldeinzahlungen geleistet und Antragsformulare für Schuldbuchforderungen entgegengenommen werden. Auch die Regierungshaupt- und Kreiskassen nehmen derartige Anträge entgegen. Nähere Auskunft über das gesamte Verfahren, sowie über einzelne etwa zu treffende Maßnahmen und Ratschläge, werden den Sparkassen seitens der Königlichen Hauptverwaltung der Staatsschulden und der Königlichen Seehandlung (Preußische Staatsbank) zu Berlin erteilt (Ziff. 11 d. MErl. d. Innern v. 8. 5. 13).

Soweit Sparkassen von der Einrichtung des Reichs- und des Staatsschuldbuchs Gebrauch machen, sind die entsprechenden Anlagen den Anlagen in Staatspapieren des § 2 zuzuzählen.

Dem Reichs- und Staatsschuldbuch sind hier nicht gleichzustellen Eintragungen in städtische Schuldbücher, wie sie nach dem Vorgange von Frankfurt a. M. in einer großen Zahl preußischer Städte eingerichtet worden sind. Ob städtische Buchforderungen als mündelsichere Anlagen überhaupt anzusehen sind, richtet sich danach, ob in dem betreffenden Ortsstatut, welches durch den übergeordneten Bezirksausschuß genehmigt sein muß, der betreffenden Buchforderung der Charakter der Mündelsicherheit erhalten ist. Dieses wird, da es sich um Forderungen gegen Kommunalverbände handelt, und die Forderungen gegen Hingabe und Verwahrung von Kommunalschuldverschreibungen begründet werden, im allgemeinen der Fall sein (vgl. auch § 1807 BGB.). Der Wortlaut des Gesetzes stellt dagegen städtische Buchforderungen, soweit der Anlagezwang in Inhaberpapieren in Betracht kommt, den Kommunalschuldverschreibungen nicht gleich. Soweit dem Anlagezwange des Gesetzes genügt werden soll, können mithin mit Rücksicht auf die Liquidität der Kassen, städtische Buchforderungen für den Mindestbestand der zu haltenden Inhaberpapiere nicht in Betracht kommen.

§ 6.

Die öffentlichen Sparkassen können den durch dies Gesetz vorgeschriebenen Besitzstand an mündelsicheren Schuldverschreibungen auf den Inhaber soweit veräußern, als dies zur Rückzahlung von Einlagen unbedingt notwendig ist. Sobald wieder zinsbar anzulegende Bestände vorhanden sind, ist zunächst der bisherige Besitzstand bis zur Höhe der nach diesem Gesetze zu haltenden Mindestgrenze wieder herzustellen. Der Oberpräsident kann widerruflich eine Erleichterung von dieser Verpflichtung nachlassen.

Anmerkung 1.

Nach dem genauen Wortlaute der §§ 1—3 des Gesetzes könnte die Annahme gerechtfertigt erscheinen, als wenn eine Abhebung von Schuldverschreibungen auf den Inhaber, welche die Kassen im Rahmen der Mindestgrenze zu halten haben, über die Mindestgrenze hinaus verboten sein soll. Denn diese Paragraphen geben in ihrem Wortlaute die bestimmte Anweisung, daß bestimmte Mindestbestände von den Kassen jederzeit gehalten werden müssen. Diese Auslegung des Gesetzes ist aber nicht gerechtfertigt angesichts des Zweckes des Gesetzes, den Kassen den Bestand an liquiden Mitteln aufzuzwingen, damit im Falle des Bedürfnisses auf diese liquiden Mittel zurückgegriffen werden kann. Der Gesetzentwurf vom Jahre 1906 hatte eine ausdrückliche Vorschrift, daß für den Fall des dringenden Bedürfnisses auf die Mindestbeträge zurückgegriffen werden könnte, nicht enthalten, und hieraus hatten sich während der Herrenhausberatungen Meinungsverschiedenheiten über die Abhebbarkeit der Mindestbestände ergeben. Um diesen Meinungsverschiedenheiten von vornherein zu begegnen, hat das Gesetz in dem § 6 diese Abhebbarkeit für den Fall des Bedürfnisses ausdrücklich zugelassen.

Anmerkung 2.

Die Möglichkeit zur Abhebung der Mindestbestände war nach dem Gesetz nur insoweit zugelassen worden, als sie zur Aufrechterhaltung des Geschäftsbetriebes unbedingt notwendig war. Diese Fassung des Paragraphen ist in der Kommission des Abgeordnetenhauses dahin umgeändert worden, daß die Abhebung insoweit gestattet wurde, als dies zur Rückzahlung von Einlagen unbedingt notwendig ist. Diese Fassung gibt gegenüber der des Entwurfes die Grenze der Zulässigkeit der Abhebungen genauer wieder. Diese Grenzen werden erreicht, wenn der Abhebung solcher Einzahlungen genügt werden soll, auf deren Auszahlung in dem Moment der beantragten Abhebung ein rechtlicher Anspruch besteht. Es ist klar, daß Kassen die Einlagen an täglichem Gelde jederzeit zurückzahlen müssen, ebenso wie die zeitlich begrenzten Einlagen am Tage des Fristablaufs nach erfolgter Kündigung. Sobald derartige fällige Forderungen geltend gemacht werden, müssen die Kassen zur Auszahlung schreiten. Wenn diese Forderungen in unvorhergesehen plötzlicher Weise in größtem Umfange gleichzeitig geltend gemacht werden, soll nach der Fassung des § 6, um der rechtlichen Verpflichtung zu genügen, der Mindestbestand angegriffen werden dürfen. Unangreifbar ist er jedoch dann, wenn eine Kasse gelegentlich eines Runs zum Beweise ihrer Zahlungsfähigkeit auch wegen noch nicht fälliger Forderungen Mittel disponibel machen will. Dieses wäre nach der Fassung des Entwurfes, nach der es nur auf die Aufrechterhaltung des Geschäftsbetriebes ankam, vielleicht denkbar gewesen, es liegt aber nicht mehr in der Absicht des Gesetzes.

Anmerkung 3.

Der zweite Satz des § 6 befaßt sich mit der Wiederauffüllung des Mindestbestandes an mündelsicheren Inhaberpapieren für den Fall, daß auf Grund des § 6 Satz 1 Abhebungen stattgefunden haben. Für das Tempo, in welchem diese Wiederauffüllung vor sich zu gehen hat, sind die Bestimmungen des § 3 in Anwendung zu bringen. Denn es ist in diesem Falle die Kasse mit einer solchen zu vergleichen, welche von vornherein bei Inkrafttreten des Gesetzes den notwendigen Mindestbestand an Inhaberpapieren nicht aufwies. Es lag kein Grund vor, eine Kasse, die nachträglich die Mindestgrenze unterschritt, anders zu behandeln und einem stärkeren Anlagezwang zu unterwerfen, als Kassen, welche von vornherein den Mindestbestand nicht aufwiesen.

Diese Regelung der Wiederauffüllung des Inhaberpapierbesitzes ist im Laufe des Werdeganges des Gesetzes nicht immer ins Auge gefaßt gewesen. Der § 6 des Entwurfes bestimmte, daß in dem fraglichen Falle der bisherige Besitzstand bis zur Höhe der auf Grund dieses Gesetzes innezuhaltenden Mindestgrenze innerhalb Jahresfrist wieder herzustellen sei. Die Herrenhauskommission hatte — und dies war übrigens die einzige Änderung, welche diese Kommission und später das

Plenum an dem Gesetzentwurf vornahmen — die einjährige Frist in eine zweijährige umgewandelt. Im Abgeordnetenhause erkannte man, daß eine Begrenzung der Zeit der Wiederherstellung zu Unstimmigkeiten führen könnte, indem unter Umständen, falls nämlich ein Vermögenszuwachs im Sinne des § 3 überhaupt nicht vorhanden war, eine allmähliche Wiederherstellung aus dem laufenden Zuwachs, wie § 3 sie vorschreibt, innerhalb einer begrenzten Zeit nicht denkbar war und daß alsdann, um der Bestimmung des § 6 des Entwurfes zu genügen, eine Umwandlung von Hypothekenanlagen in Inhaberpapieranlagen notwendig werden mußte. Daß diese Umwandlung ursprünglich von der Regierung beabsichtigt war, ist auch von einem Regierungsvertreter in den Kommissionsberatungen des Abgeordnetenhauses (vgl. Drucks. 604 A. 21. Legislaturper. 5. Session 1912/13 des Hauses der Abgeordneten S. 47) zugegeben worden. Infolgedessen wurde die Zeitbegrenzung ganz fallen gelassen und die Wiederherstellung des angegriffenen Mindestbestandes im Tempo des § 3 in der definitiven Fassung des Gesetzes angeordnet.

Anmerkung 4.

Von der Bestimmung des § 6 darf der Oberpräsident Dispens erteilen und widerruflich eine Erleichterung der dortselbst angeordneten Verpflichtung nachlassen.

Die Gewährung dieser Verpflichtung ist ein Ausfluß der in § 4 dem Oberpräsidenten generell erteilten Ermächtigung. Es werden die einschränkenden Voraussetzungen des § 4 auch hier zur Anwendung zu kommen haben, indem das Vorliegen von besonderen Verhältnissen und Ausnahmen zu fordern ist, und geprüft werden muß, ob die Erleichterung auch ohne wesentliche Beeinträchtigung der Liquidität gewährt werden kann. (Vgl. hierzu Anmerkungen zu § 4.)

Wegen der Form der Gewährung von Erleichterungen können hier nur Verfügungen des Oberpräsidenten zum Einzelfalle in Betracht kommen, weil eine statutenmäßige Bindung gegenüber dem Gesetzeswortlaut überhaupt nicht denkbar ist und generelle oberpräsidentliche Verfügungen dem Einzelfalle, wie er in § 6 vom Gesetze ins Auge gefaßt ist, nicht gerecht werden können. Um die Erleichterung bei dem zuständigen Oberpräsidenten zu erreichen, werden die Kassen gegebenenfalls ausführliche Berichte unter Darlegung der gesamten Geschäftslage und der Gründe, welche die Gewährung der Erleichterungen geboten erscheinen lassen, einzureichen haben. Gegen den ablehnenden Bescheid ist die Beschwerde an den Minister des Innern gegeben.

§ 7.

Sparkassen, welche von ihrem verzinslich angelegten Vermögen Mindestbeträge unter 25 vom Hundert aber nicht unter 20 vom Hundert in mündelsicheren Schuldverschreibungen auf den Inhaber anzulegen haben, können von ihren bei der Rechnungslegung sich ergebenden Jahresüberschüssen zu öffentlichen, dem gemeinen Nutzen dienenden Zwecken des Garantieverbandes verwenden:

a) ein Viertel, wenn der Sicherheitsfonds 2 vom Hundert oder mehr, aber noch nicht 5 vom Hundert der Spareinlagen beträgt;

b) die Hälfte, wenn der Sicherheitsfonds 5 vom Hundert oder mehr, aber noch nicht 8 vom Hundert der Spareinlagen beträgt;

c) die gesamten Jahresüberschüsse, wenn der Sicherheitsfonds 8 vom Hundert oder mehr der Spareinlagen beträgt.

Sparkassen, welche mindestens 25 vom Hundert ihres verzinslich angelegten Vermögens in mündelsicheren Schuldverschreibungen auf den Inhaber anzulegen haben, können von ihren bei der Rechnungslegung sich ergebenden Überschüssen zu öffentlichen, dem gemeinen

Nutzen dienenden Zwecken des Garantieverbandes verwenden:

a) die Hälfte, wenn der Sicherheitsfonds der Sparkasse 2 vom Hundert oder mehr, aber noch nicht 5 vom Hundert der Spareinlagen beträgt;

b) drei Viertel, wenn der Sicherheitsfonds 5 vom Hundert oder mehr, aber noch nicht 8 vom Hundert der Spareinlagen beträgt;

c) die gesamten Jahresüberschüsse, wenn der Sicherheitsfonds 8 vom Hundert oder mehr der Spareinlagen beträgt.

Im übrigen verbleibt es hinsichtlich der Verwendung der Sparkassenüberschüsse bei den bestehenden Bestimmungen und zwar auch für die vorbezeichneten Sparkassen, wenn deren Satzungen für die Garantieverbände günstigere Vorschriften enthalten.

Die Verwendung der Jahresüberschüsse bedarf der Genehmigung der Aufsichtsbehörde nur, wenn die Überschüsse zur Deckung von auf gesetzlicher Verpflichtung beruhenden Ausgaben des Garantieverbandes verwendet werden sollen.

Anmerkung 1.

Der § 7 des Gesetzes gewährt den Sparkassen je nach der Höhe der von ihnen in Inhaberpapieren anzulegenden Vermögensbestände gewisse Erleichterungen in der Verwendung der bei der Rechnungslegung sich ergebenden Jahresüberschüsse. Er bildet eine Ergänzung zu dem § 7 d. Regl. v. 12. 12. 1838 und den zu diesem ergangenen Ministerialerlassen. (Über die Bedeutung dieses Paragraphen vgl. Knebel-Doeberitz, Das Sparkassenwesen in Preußen, Berlin 1907, 121 ff.)

Der § 7 des Gesetzes unterscheidet drei Gruppen von Sparkassen:

1. solche, welche weniger als 20 Proz. ihres verzinslich angelegten Vermögens in mündelsicheren Schuldverschreibungen auf den Inhaber anzulegen haben,
2. solche, bei denen dieser Prozentsatz von 20 Proz. bis 25 Proz. variiert,
3. solche, bei denen er 25 Proz. und mehr beträgt.

Bei der erstgenannten Gruppe verbleibt es gemäß Abs. 3 des § 7 des Gesetzes bei den bisherigen Vorschriften. Diese kommen darauf hinaus, daß eine Überweisung von Überschüssen an den Garantieverband erst stattfinden darf, wenn der Reservefonds mindestens 5 Proz. der Spareinlagen beträgt, und daß die gesamten Überschüsse dem Garantieverband erst zur Verfügung stehen, wenn der Reservefonds 10 Proz. der Spareinlagen erreicht hat. Die Überweisung von Überschüssen darf auch nur zur Hälfte derselben vor sich gehen. Dieses ist auch in dem AusfErl. zum G. v. 8. 5. 13 unter Ziff. 15 ausdrücklich hervorgehoben.

Die Gruppen 2 und 3 sind in § 7 des Gesetzes besonders differenziert und in je 3 Unterabteilungen geteilt, je nachdem wie hoch die Sicherheitsfonds bzw. Reservefonds der Kassen sich belaufen. Je nach der Höhe des Reservefonds bemißt sich auch diejenige Quote der Überschüsse, welche dem Garantieverbande zur Verfügung zu stellen ist.

Bei der Gruppe 2 bemißt sich diese Quote

a) auf ein Viertel, wenn der Sicherheitsfonds 2 vom Hundert oder mehr, aber noch nicht 5 vom Hundert der Spareinlagen beträgt,
b) auf die Hälfte, wenn der Sicherheitsfonds 5 vom Hundert, oder mehr, aber noch nicht 8 vom Hundert der Spareinlagen beträgt,
c) auf das Ganze, wenn der Sicherheitsfonds 8 vom Hundert oder mehr der Spareinlagen beträgt.

Bei der Gruppe drei ist die Differenzierung nach der Höhe der Sicherheitsfonds dieselbe, wie bei der Gruppe zwei, nur daß im Falle

a) die Hälfte,
b) drei Viertel,

c) die Gesamtheit der Jahresüberschüsse dem Garantieverbande zur Verwendung zu öffentlichen, dem gemeinen Nutzen dienenden Zwecken zur Verfügung steht.

Daß es andererseits für die in den Gruppen 2 und 3 genannten Sparkassen hinsichtlich der Verwendung der Kassenüberschüsse bei den Bestimmungen verbleibt, welche nach ihren Satzungen oder nach den an Stelle einer Satzung für sie etwa geltenden Spezialgesetze für sie festgestellt sind, soweit diese Bestimmungen für die Garantieverbände günstiger sind als die im § 7 Abs. 1 und 2 vorgesehenen, ist im Abs. 3 des § 7 des Gesetzes ausgesprochen und auch in Ziff. 15 des genannten Ministerialerlasses ausdrücklich nochmals hervorgehoben.

Anmerkung 2.

Die in § 7 genannten Überschüsse müssen sich bei der Rechnungslegung als Jahresüberschüsse ergeben. Über die Rechnungslegung selbst und über die Berechnung der Jahresüberschüsse gibt das Gesetz keine Vorschriften. Nach Ziff. 14 d. AusfAnw. bleibt es mithin bei den bisher bestehenden Vorschriften, daß als Jahresüberschüsse nur die Beträge in Betracht kommen, welche sich aus dem Unterschiede zwischen den Zinsen der ausgeliehenen Kapitalien und den an die Einleger zu zahlenden Zinsen abzüglich der Verwaltungskosten und etwaiger Verluste ergeben. Als Verluste sind in der Jahresrechnung bzw. Jahresbilanz Vermögensverluste jeglicher Art, seien es Ausfälle im Hypothekengeschäft, oder Personalkreditgeschäft der Kasse, oder Kursverluste, am Inhaberpapierbestand der Kasse einzustellen. Zur Vermeidung übermäßiger Herabminderung der Jahresüberschüsse sind aber die Erlasse v. 18. 4. 04 (MBl. d. Innern 116) und v. 27. 4. 05 (MBl. d. Innern 85) ausdrücklich aufrecht erhalten, nach denen Kursverluste bei Aufstellung des Jahresabschlusses vorweg aus dem Reservefonds der Kassen insoweit gedeckt werden dürfen, als dieser dadurch nicht unter 5 Proz. der Passiva herabsinkt; und nach denen, sobald der Reservefonds 5 Proz. der Passiva erreicht hat, die Zinsen des Reservefonds den Jahresüberschüssen hinzugerechnet werden dürfen, und der hieraus sich ergebende

Gesambetrag für die Verteilung der Jahresüberschüsse nach Maßgabe des § 7 des Gesetzes zugrunde gelegt werden darf.

Kursgewinne sind ohne weiteres als Überschüsse anzusehen.

Die gesamte Berechnung darf nur gelegentlich des Jahresabschlusses vorgenommen werden, da der § 7 ausdrücklich von Jahresüberschüssen spricht.

Damit die Berechnung richtig vor sich geht, empfiehlt es sich, eine getrennte Buchführung zwischen den allgemeinen Geschäften der Sparkassen einerseits und dem Reservefonds andererseits zu führen. Dieses ist in § 14 d. AusfB. den Kassen auch nahegelegt.

Anmerkung 3.

Die so sich ergebenden Überschüsse dürfen in Höhe der genannten Prozentsätze zu öffentlichen, dem gemeinen Nutzen dienenden Zwecken des Garantieverbandes, welcher die Sparkasse eingerichtet hat, verwandt werden.

Gegenüber den in dieser Beziehung früher für das Geltungsgebiet des Sparkassenregl. v. 12. 12. 1838 in Betracht kommenden Bestimmungen wird durch den § 7 des Gesetzes den Sparkassen eine außerordentliche Erleichterung gewährt. Nach der Praxis der Aufsichtsbehörden konnten bisher die Überschüsse zwar zu öffentlichen Zwecken, jedoch nur zur Deckung außerordentlicher Bedürfnisse, nicht aber zur Bestreitung der im Wege gesetzlicher Steuern aufzubringenden Ausgaben verwandt werden. Denn die Überschüsse waren entstanden durch die Einlagen der Sparer. Die Sparkassen sollten in erster Linie den Interessen der Sparer, nicht aber auf Kosten der Sparer zur Entlastung der besitzenden Klassen dienen. (Vgl. MErl. v. 24. 8. 1847, MBl. d. Innern 192.) Nach dem Vorgange des § 15 des Badischen Sparkassenges. v. 9. 4. 1880 sollten sie weiterhin zu gemeinnützigen Ausgaben verwandt werden, soweit dieselben nicht gesetzlich geboten waren. Auszuscheiden hatte nach der bisherigen Praxis die Verwendung der Überschüsse zu Luxuszwecken.

In den Beratungen des Abgeordnetenhauses und des Herrenhauses hat hinsichtlich der Umgrenzung der in Betracht kommenden Zwecke vielfache Meinungsverschiedenheit geherrscht. Das Resultat der Erörterungen und die beste Begriffsumschreibung findet sich in Ziff. 16 d. MErl. v. 8. 5. 13. Danach sind unter öffentlichen, dem gemeinen Nutzen des Garantieverbandes dienenden Zwecke nicht rein gemeinnützige Zwecke karitativer Art zu verstehen, sondern es fallen darunter auch Aufwendungen, welche durch Ausbau des öffentlichen Wegenetzes, durch Verbesserung des Volksschulen- und Armenwesens dem gemeinen Nutzen des Garantieverbandes zu Nutzen kommen, ohne im engeren Sinne als gemeinnützig karitativ gelten zu können. Nicht verwandt werden dürfen die Sparkassenüberschüsse zur Herabminderung der Kommunalabgaben, da dies überwiegend nur dem wohlhabenden Teil der Steuerpflichtigen zum Vorteil gereichen würde.

Als öffentliche gemeinnützige Zwecke kommen nach dem Gesetz im Gegensatz zu der bisherigen Praxis auch Aufgaben in Betracht, welche dem Garantieverband kraft gesetzlicher Bestimmungen übertragen sind. Dieses ergibt sich aus Abs. 4 des § 7, wo die Verwendung von Sparkassenüberschüssen zu gesetzlich auferlegten Aufgaben ausdrücklich ins Auge gefaßt ist und lediglich an besondere Vorschriften gebunden ist. Vgl. hierüber Näheres in Anm. 4.

Unbenommen bleibt den Sparkassen die Verwendung ihrer Überschüsse zu Beiträgen, Unterstützungen und Zuschüssen zu Wohltätigkeitsanstalten und Wohltätigkeitsfonds, ebenso auch zu sozialen, dem Wohl der unbemittelten Bevölkerung dienenden Unternehmungen aller Art. Dies ist in dem AusfErl. v. 8. 5. 13 unter Ziff. 16 ausdrücklich gesagt und dürfte ganz besonders die Sparkassen im westlichen Teil der Monarchie, insbesondere in der Provinz Schleswig-Holstein interessieren, welche ganz besonders sich im Laufe der Jahrzehnte auf diesem Gebiete sich hervorgetan haben. (Vgl. hierzu die Ausführungen des Grafen Rantzau im Herrenhause.)

Auszuscheiden hat die Verwendung der Sparkassenüberschüsse zu politischen oder Parteizwecken. Die von politischen Parteiorganisationen verfolgten Ziele können als gemeinnützige im Sinne des Gesetzes nicht angesprochen werden, da sie im allgemeinen nur das Wohl einzelner ganz bestimmter Interessentengruppen sowie einzelner politischer Richtungen im Auge haben. Die Verwendung der Überschüsse im einzelnen ist sowohl im Haushaltsplan der Sparkasse, als auch in demjenigen des Garantieverbandes an derjenigen Stelle, wo der Überschuß zur Verwendung kommt, ersichtlich zu machen. Dieses ist in Ziff. 16 des AusfErl. ausdrücklich angeordnet.

Anmerkung 4.

Grundsätzlich darf der Garantieverband über die Überschüsse in dem dargelegten Rahmen nach freiem Ermessen verfügen. Das Gesetz schlägt in dieser Richtung prinzipiell eine liberalere Richtung ein, als es die auf den § 7 d. Sparkassenregl. v. 12. 12. 1838 sich stützende Praxis war.

Eine Ausnahme von dieser Unabhängigkeit in der Verwendung der Überschüsse stellt das Gesetz in Abs. 4 des § 7 nur für den Fall fest, daß die Überschüsse zur Deckung von Ausgaben verwandt werden sollen, die zu erfüllen dem Garantieverbande durch Gesetz auferlegt ist. Welche Aufgaben hier in Betracht kommen, ist aus den hier maßgebenden Gesetzen ersichtlich, und ist verschieden zu beurteilen, je nachdem um welche Garantieverbände es sich handelt; ob z. B. Städte, Provinzen oder ständische Kreditorganisationen in Betracht kommen. Als Einzelfall, wo die Genehmigung erforderlich ist, sei hier die Verwendung von Sparkassenüberschüssen zur Erfüllung der durch das Unterstützungswohnsitzgesetz den Gemeinden auferlegten Aufgaben genannt.

In der Frage der Zuständigkeit für die Erteilung der Genehmigung verbleibt es bei dem bisherigen Rechtszustande; d. h. es hat der § 53 ZustG. zur Anwendung zu kommen. Danach kann über die Genehmigung nicht von dem Oberpräsidenten nach freiem Ermessen entschieden werden; die Entscheidung steht vielmehr dem Regierungspräsidenten zu. Zur Versagung der Genehmigung bedarf er aber der Zustimmung des Bezirksausschusses. Für Berlin fällt die Zustimmung des Bezirksausschusses fort; statt des Regierungspräsidenten ist dort der Oberpräsident zuständig.

Die Genehmigung zur Verwendung der Überschüsse kann sowohl für den Einzelfall, als auch generell erteilt werden. Sie kann sich auch auf ein oder mehrere Jahre erstrecken. Der Aufsichtsbehörde steht es frei, jederzeit in eine Nachprüfung darüber einzutreten, ob die Voraussetzungen für die Erteilung der Genehmigung noch vorliegen; sie kann nach Belieben die Genehmigung widerrufen oder an andere Voraussetzungen knüpfen.

§ 8.

An Stelle des Oberpräsidenten tritt für die Hohenzollernschen Lande der Minister des Innern.

Dies Gesetz tritt am 1. Januar 1913 in Kraft.

Der Minister des Innern ist mit seiner Ausführung beauftragt.

Urkundlich unter Unserer Höchsteigenhändigen Unterschrift und beigedrucktem Königlichen Insiegel.

Gegeben Neues Palais, den 23. Dezember 1912.

(L. S.) Wilhelm.

v. Bethmann Hollweg. v. Tirpitz. Delbrück. Beseler.
v. Breitenbach. Sydow. v. Trott zu Solz.
v. Heeringen. Frhr. v. Schorlemer. v. Dallwitz. Lentze.

Anmerkung.

Der Tag des Inkrafttretens des Gesetzes konnte durch die gesetzgebenden Faktoren nach Belieben festgesetzt werden. Diese waren in der Beziehung nicht an das G. v. 16. 1. 1874 gebunden, nach welchem ein Gesetz erst mit dem Beginn des vierzehnten Tages nach dem Ablauf des Tages der Ausgabe des betreffenden Stückes der Gesetzsammlung in Berlin in Kraft tritt.

Ausführungs-Anweisung zum Gesetz vom 23. Dezember 1912, betreffend Anlegung von Sparkassenbeständen in Inhaberpapieren.

Vom 8. Mai 1913 (MinBl. f. d. i. V. S. 77).

Zur Ausführung des Gesetzes vom 23. Dezember 1912, betreffend Anlegung von Sparkassenbeständen in Inhaberpapieren (GS. 1913 S. 3) bestimme ich folgendes:

1. die §§ 1—3 des Gesetzes stellen an die Liquidität der öffentlichen Sparkassen bestimmte Mindestanforderungen, denen alle Sparkassen, abgesehen von den Ausnahmefällen des § 4, zu genügen haben, auch wenn ihre Satzungsvorschriften bisher hinter den gesetzlichen Anforderungen zurückbleiben oder eine bezügliche Vorschrift überhaupt nicht enthalten. Da die gesetzlichen Vorschriften zwingende Kraft haben, so gehen sie den bestehenden Sparkassensatzungen vor, sodaß deren Änderung an sich nicht geboten ist. Nur sofern Sparkassen die Ziffern 1 oder 2 des § 1 des Gesetzes sich nutzbar machen wollen, ist es erforderlich, daß sie die räumliche Beschränkung des Real- und Personalkredits, wie sie dort vorgesehen ist, ausdrücklich in der Satzung festsetzen. Im übrigen wird es sich empfehlen, Satzungsvorschriften, die durch das Gesetz beseitigt sind, nur bei Gelegenheit einer anderweiten Satzungsänderung als veraltet auszuschalten. Bei Neugründung von Sparkassen ist dagegen darauf zu halten, daß in die Satzungen keine hinter den gesetzlichen Vorschriften zurückbleibenden Bestimmungen über die Anlegung des Sparkassenvermögens Aufnahme finden.

2. Die §§ 1—3 bemessen ihre Anforderungen nach einem bestimmten Bestandteil des verzinslich angelegten Vermögens (also einschließlich des Reservefonds), nicht bloß des Einlagebestandes der Kassen. Zu dem verzinslich angelegten Vermögen gehören nicht die Barbestände, auch nicht die jederzeit ohne Kündigung abrufbaren Bankguthaben der Kassen (Depositen), diese selbst dann nicht, wenn darauf die im Bankverkehr üblichen Zinsen vergütet werden. Auch Grundstücke, selbst wenn sie durch Mietseinnahmen eine Geldnutzung bringen, sind dem zinsbar angelegten Vermögen der Kasse im Sinne des Gesetzes nicht hinzuzurechnen.

3. Für den Wert des verzinslich angelegten Vermögens, nach dem sich der gesetzlich vorgeschriebene Anteil an Inhaberpapieren, insbesondere auch an Reichs- und Staatspapieren bemißt, sind die für die Bilanzaufstellung der Sparkassen erlassenen Vorschriften, an denen das Gesetz nichts geändert hat, maßgebend, insbesondere verbleibt es daher bei der Bestimmung, daß Wertpapiere, die einen Börsenpreis haben, höchstens zu dem Börsenpreis am Jahresschlusse (letzter Tag des Geschäftsjahres) und sofern dieser den Anschaffungspreis übersteigt, höchstens zu letzterem angesetzt werden dürfen.

4. Der § 1 stuft die Anforderungen an die Liquidität nach bestimmten Merkmalen ab. Als solche sind kumulativ aufgestellt: Die Höhe des Einlagebestandes und die nach der Satzung vorgeschriebene räumliche Beschränkung des Real- und Personalkreditgeschäfts der Kasse. Unter dem Einlagebestand sind hierbei die Spareinlagen einschließlich der ihnen zuzuschreibenden, im letzten Rechnungsjahr aufgelaufenen Zinsen zu verstehen.

Dabei sind insbesondere folgende Fälle zu beachten:

a) Die Satzung enthält keine räumliche Beschränkung

des Real- und Personalkredits: Dann findet ohne Rücksicht auf die Höhe des Einlagebestandes die Ziffer 3 des § 1 Anwendung;

b) Die Satzung enthält eine räumliche Beschränkung des Real- und Personalkredits im Sinne des § 1 Ziffer 1, der Einlagebestand übersteigt aber 5 Millionen Mark: Dann findet, sofern der Einlagebestand nicht etwa 10 Millionen Mark übersteigt, die Ziffer 2 des § 1 Anwendung;

c) Die Satzung enthält eine räumliche Beschränkung des Real- und Personalkredits im Sinne des § 1 Ziffer 2, der Einlagebestand übersteigt aber 10 Millionen Mark: Dann findet die Ziffer 3 des § 1 Anwendung;

d) Die Ziffer 3 des § 1 findet endlich Anwendung bei allen Kassen mit einem Einlagebestand von mehr als 10 Millionen Mark, gleichviel ob das Real- und Personalkreditgeschäft in der Satzung räumlich beschränkt ist oder nicht.

5. Die räumliche Beschränkung im Sinne des § 1 Ziffer 1 ist auch dann als gegeben anzusehen, wenn die Sparkasse eines Stadtkreises, der von einem oder mehreren Landkreisen umschlossen ist, ihr Real- und Personalkreditgeschäft auf diese angrenzenden Landkreise satzungsgemäß mit ausdehnt, sowie umgekehrt, wenn im gleichen Falle die Sparkasse des Landkreises ihr Real- und Personalkreditgeschäft nach ihrer Satzung auch auf den angrenzenden Stadtkreis erstreckt. In beiden Fällen sind die betreffenden Stadt- und Landkreise als eine räumliche Einheit anzusehen, sodaß die Ziffer 2 des § 1 erst zur Anwendung kommt, wenn der Real- und Personalkredit der betreffenden Kassen durch ihre Satzung auf die an dies räumliche Gebiet angrenzenden Land- und Stadtkreise ausgedehnt wird.

6. Bei Sparkassen, bei denen der Stadt- oder Landkreis,

in dem sie belegen sind, an einen anderen Bundesstaat angrenzt, wird im Sinne des § 1 Ziffer 2 ein entsprechender Verwaltungsbezirk dieses Bundesstaats, bzw. bei kleinen Bundesstaaten auch deren ganzes Gebiet, dem Gebiete des Real- und Personalkredits der betreffenden Sparkasse satzungsgemäß hinzugelegt werden können; die formelle Ermächtigung hierzu gibt der § 4 des Gesetzes. Ebenso bleibt den Herren Oberpräsidenten überlassen, bei Sparkassen, deren Garantiebezirk des räumlichen Zusammenhanges mit dem übrigen Staatsgebiete überhaupt entbehrt, das nach Ziffer 1 und 2 des § 1 des Gesetzes für den Real- und Personalkredit inne zu haltende Geschäftsgebiet in der Satzung angemessen zu bestimmen.

7. Ob die Sparkassen ihr Real- und Personalkreditgeschäft gemäß der Ziffer 1 oder 2 des § 1 durch die Satzung räumlich beschränken wollen oder nicht, ist ihrer freien Entschließung zu überlassen. Soweit sie es tun, ist die Innehaltung der satzungsmäßigen Beschränkung von Aufsichts wegen zu kontrollieren. Dazu wird neben der Prüfung der Geschäftsführung gelegentlich örtlicher Revisionen nötigenfalls die Einreichung jährlicher Nachweisungen über die im letzten Geschäftsjahre im Real- und Personalkredit erfolgten Ausleihungen in Betracht kommen. Das Erforderliche dieserhalb anzuordnen, muß den Herren Regierungspräsidenten überlassen bleiben. Verstößen gegen die gemäß § 1 des Gesetzes beschlossene satzungsmäßige Beschränkung der räumlichen Ausdehnung des Real- und Personalkredits ist von Aufsichts wegen entgegenzutreten.

8. Die Sparkassen sind durch die Anforderungen des Gesetzes nicht genötigt, irgendeine ihrer bestehenden Hypotheken oder Schuldforderungen zu kündigen oder an ihren sonstigen bisherigen Vermögensanlagen etwas zu ändern. Soweit sie den Anforderungen des Gesetzes hinsichtlich

ihres Wertpapierbesitzes nicht genügen, haben sie diesen Besitz nach Maßgabe des § 3 des Gesetzes lediglich aus dem Zuwachs ihres verzinslich angelegten Vermögens zu ergänzen. Findet ein Zuwachs nicht statt, so braucht auch keine Vermehrung der Inhaber- und Staatspapiere zu erfolgen, gleichviel ob die Kasse den gesetzlichen Anforderungen schon genügt oder nicht.

9. Findet dagegen im Laufe des Geschäftsjahres ein Zuwachs des verzinslich angelegten Vermögens statt, so ergeben sich für die Anwendung der §§ 1—3 des Gesetzes insbesondere folgende Fälle:

a) Die Kasse überschreitet hinsichtlich des Bestandes sowohl an Reichs- und Staatspapieren als an anderen mündelsicheren Inhaberpapieren schon die gestellten Anforderungen, dann brauchen, soweit nicht durch Zurechnung des nicht in Inhaberpapieren angelegten Zuwachses die Mindestgrenzen unterschritten würden, ebenfalls weder Reichs- und Staatspapiere noch andere Inhaberpapiere gekauft zu werden;

b) die Kasse besitzt zwar im ganzen ausreichend Inhaberpapiere, nicht aber den vorgeschriebenen Teilbetrag an Reichs- und Staatspapieren, dann sind, solange bis dieser Teilbetrag erreicht ist, $^3/_5$ des gesetzlichen Prozentsatzes des Zuwachses, also beispielsweise, wenn die Hauptquote des geforderten Besitzes an sämtlichen Inhaberpapieren 25 Proz. (§ 1 Ziffer 3) beträgt, 18 Proz. des Zuwachses zum Ankauf von Reichs- und Staatspapieren, ohne Verpflichtung zum Neuerwerb anderer Inhaberpapiere, zu verwenden;

c) die Kasse besitzt im ganzen nicht ausreichend Inhaberpapiere (z. B. nur 20 Proz. statt der für sie vorgeschriebenen 25 Proz.), dann hat sie den in § 3 des Gesetzes vorgesehenen Betrag des Zuwachses (in dem Beispiel 30 Proz. des Zuwachses) in Inhaberpapieren anzulegen, und zwar

1. sofern sie den vorgeschriebenen Teilbetrag an Reichs- und Staatspapieren bereits besitzt (sie besitze im Beispiel 15 Proz. Staatspapiere und 5 Proz. andere Inhaberpapiere), ohne Verpflichtung zur Verstärkung ihres Reichs- und Staatspapierbesitzes,

2. sofern sie zwar den vorgeschriebenen Teilbetrag an anderen Inhaberpapieren, nicht aber an Reichs- und Staatspapieren besitzt (sie besitze im Beispiel 10 Proz. Staatspapiere und 10 Proz. andere Inhaberpapiere), mit der Verpflichtung, von dem zum Ankauf von Wertpapieren zu verwendenden Teilbetrage des Zuwachses (im Beispiel 30 Proz.) mindestens $^3/_5$ in Reichs- und Staatspapieren anzulegen,

3. sofern sie weder den vorgeschriebenen Teilbetrag an Reichs- und Staatspapieren, noch an anderen Inhaberpapieren besitzt (sie besitze im Beispiel 12 Proz. Staatspapiere und 8 Proz. andere Inhaberpapiere), mit der Verpflichtung, bis zur Erreichung der gesetzlichen Mindestgrenzen den vorgeschriebenen Teilbetrag des Zuwachses, geteilt in die beiden Unterquoten (in dem gewählten Beispiele 30 Proz., und zwar 18 Proz. Reichs- und Staatspapiere und 12 Proz. andere Inhaberpapiere), so lange zur Auffüllung der Bestände zu verwenden, bis jeweils die vorgeschriebenen Bestandhöhen an Reichs- und Staatspapieren und anderen Inhaberpapieren erreicht sind. Wird hierbei die Mindestgrenze der Reichs- und Staatspapiere eher überschritten als diejenige der anderen Inhaberpapiere, so kann der Überschuß an Reichs- und Staatspapieren der Erreichung des Gesamtbetrages des Besitzes an Inhaberpapieren (im Beispiel 25 Proz.) zugute kommen, nicht aber umgekehrt;

d) die Kasse hat genau den gesetzlich vorgeschriebenen Stand an Inhaberpapieren beider Arten, dann ist nur der Prozentsatz des Zuwachses, welcher gleich hoch ist wie der gesetzlich vorgeschriebene Prozentsatz des Besitzes an Inhaberpapieren (nicht 5 Proz. höher) unter entsprechender Festsetzung der auf Reichs- und Staatspapiere und andere mündelsichere Inhaberpapiere entfallenden Anteile, in Inhaberpapieren (Reichs- und Staatspapieren und an anderen) anzulegen (im Beispiel also 25 Proz., darunter 15 Proz. Staatspapiere und 10 Proz. andere Inhaberpapiere), wobei es zulässig ist, in Bevorzugung der Reichs- und Staatspapiere die auf sie entfallende Unterquote zu erhöhen, nicht aber umgekehrt.

10. Die vom Gesetz gegebenen Vorschriften über die Anlegung des Sparkassenvermögens stellen Grundsätze für das Aktivgeschäft der Sparkassen dar, nach denen zuerst die Anlegung der im Jahre 1913 verzinslich anzulegenden Vermögenswerte der Sparkassen einzurichten ist. Da der Zugang und Abgang von Vermögen bei jeder Sparkasse dauernd im Flusse und die Möglichkeit zu Neuanlagen zeitlich sehr verschieden ist, so kann nicht verlangt werden, daß die Sparkassen zu jeder Zeit oder auch zu bestimmten Quartalsterminen genau den gesetzlichen Anlegungsvorschriften entsprechen. Abgesehen von Fällen, wo sich Sparkassen etwa offensichtlich den Vorschriften des Gesetzes zu entziehen suchen, hat die aufsichtliche Prüfung sich darauf zu beschränken, ob nach dem Jahresabschlusse hinsichtlich der Anlegung des im verflossenen Geschäftsjahre erzielten Vermögenszuwachses den Anforderungen des Gesetzes genügt ist. Kleine Abweichungen nach unten oder nach oben (§ 3 Abs. 2 des Gesetzes) können im nächsten Jahre ausgeglichen werden. Da jede Sparkassenverwaltung über die Anlegung ihrer vorhandenen Bestände Bescheid weiß und

aus ihren Büchern den im Laufe des Jahres eintretenden Zuwachs des Kassenvermögens übersieht, so muß sie in der Lage sein, bei der verzinslichen Anlegung dieses Zuwachses die Anforderungen des Gesetzes inne zu halten. Die Wahl des Zeitpunktes, wann sie im Laufe des Geschäftsjahres zu Inhaberpapierankäufen schreiten will, und der Umfang des einzelnen Ankaufs bleibt dem Ermessen jeder Sparkassenverwaltung überlassen.

11. Den Schuldverschreibungen des Reiches und Preußens, zu denen auch die Schatzanweisungen gehören, sind durch § 5 des Gesetzes die im Reichs- oder preußischen Staatsschuldbuch eingetragenen Forderungen gleichgestellt, sie sind daher dem nach dem Gesetze zu haltenden oder anzuschaffenden Betrage der Reichs- und Staatspapiere hinzuzurechnen. Die Benutzung des Reichs- und Staatsschuldbuchs kann den Sparkassen, insbesondere auch den kleineren Kassen, für welche die eigene Aufbewahrung und Verwaltung größerer Reichs- und Staatspapierbestände lästig ist, nur empfohlen werden; der Runderlaß vom 20. Mai 1912 (MBl. S. 167) ist dabei zu beachten. Nähere Auskunft über die Einrichtung und Benutzung des Reichs- und Staatsschuldbuches erteilen die Königliche Hauptverwaltung der Staatsschulden und die Königliche Seehandlung (Preußische Staatsbank) zu Berlin.

12. Die Rentenbriefe der preußischen Rentenbanken sind zwar vom Staate garantiert, aber keine Schuldverschreibungen des Staates selbst; sie sind durch das Gesetz den Reichs- und Staatspapieren nicht gleichgestellt und können deshalb auf den nach dem Gesetze zu haltenden Anteil an Reichs- und Staatspapieren nicht angerechnet werden. Die Rentenbriefe eignen sich indessen wegen ihrer gleichzeitigen dinglichen Sicherheit und der ihnen beiwohnenden Staatsgarantie, sowie weil sie stets zum Nennwerte aus-

gelost werden, bei einem Ankauf unter Pari also Kursverluste bei der Auslosung ausgeschlossen sind, in besonderem Maße zur dauernden Anlegung von Sparkassenbeständen auf den Anteil der nichtstaatlichen Inhaberpapiere. Die Sparkassen sind hierauf in geeigneter Weise hinzuweisen.

13. Die in § 4 den Herren Oberpräsidenten beigelegte Befugnis, Erleichterungen von den Auflagen des Gesetzes (§§ 1—3) zu bewilligen, läßt eine doppelte Anwendung zu. Die Herren Oberpräsidenten können danach sowohl in den Satzungen der Sparkassen von dem Gesetz abweichende Vorschriften genehmigen, wie auch unabhängig und abweichend von der für die einzelne Kasse geltenden Satzung im Wege besonderer Verfügung Erleichterungen im Sinne des § 4 gestatten. Da in allen Fällen solche Erleichterungen nur „unter besonderen Verhältnissen" und nur „ausnahmsweise" nachgelassen werden sollen, so empfiehlt es sich, sie zeitlich zu begrenzen und sie zunächst jedenfalls nicht über einen Zeitraum von 5 Jahren hinaus zu erstrecken; bei Ablauf des betreffenden Zeitraums wird alsdann eventuell in eine erneute Prüfung der Verhältnisse einzutreten sein. Mit dieser Maßgabe wird es insbesondere möglich sein, bei der ersten Durchführung des Gesetzes erheblichere Härten für einzelne Sparkassen zu vermeiden. Daß im übrigen solche Erleichterungen nicht zur Regel werden dürfen, durch besondere Verhältnisse gerechtfertigt sein müssen und nur gewährt werden dürfen, soweit es ohne wesentliche Beeinträchtigung der Liquidität geschehen kann, ist im Gesetze selbst ausgesprochen. Besondere Verhältnisse werden insbesondere da angenommen werden können, wo Sparkassen in gemischtsprachigen Gegenden ohne Erleichterungen von den Auflagen des Gesetzes in ihrer Konkurrenzfähigkeit gefährdet erscheinen; dagegen wird lediglich die Herab-

minderung der bisherigen Sparkassen **überschüsse** niemals als hinreichender Grund anzusehen sein, um auf Kosten der Liquidität der Kassen Ermäßigungen von den Anforderungen eintreten zu lassen, die das Gesetz zur Sicherung der Liquidität der Kassen gestellt hat. Ich vertraue, daß es bei Anwendung dieser Grundsätze den Herren Oberpräsidenten gelingen wird, von der durch den § 4 ihnen gegebenen Ermächtigung unter Beobachtung der im einzelnen Falle gebotenen Rücksicht, aber ohne Preisgabe der Ziele des Gesetzes, den geeigneten Gebrauch zu machen.

14. Der § 7 des Gesetzes gewährt den Sparkassen, je nach der Höhe der von ihnen in Inhaberpapieren anzulegenden Vermögensbestände gewisse Erleichterungen in der Verwendung der bei der Rechnungslegung sich ergebenden Jahresüberschüsse. Über die Rechnungslegung selbst und über die Berechnung der Jahresüberschüsse gibt das Gesetz keine Vorschriften. Demgemäß bestimme ich zur Ausführung des Gesetzes in Übereinstimmung mit den bisher bestehenden Vorschriften, daß als Jahresüberschüsse nur die Beträge in Betracht kommen, welche sich aus dem Unterschiede zwischen den Zinsen der ausgeliehenen Kapitalien und den an die Einleger zu zahlenden Zinsen abzüglich der Verwaltungskosten und etwaiger Verluste ergeben. Als Verluste sind in der Jahresrechnung bezw. der Jahresbilanz, insbesondere Vermögensverluste jeglicher Art, seien es Ausfälle im Hypothekengeschäft oder Personalkreditgeschäft der Kasse oder Kursverluste am Inhaberbestand der Kasse, einzustellen. Indessen will ich zur Vermeidung übermäßiger Herabminderung der Jahresüberschüsse hiermit die Erlasse vom 18. April 1904 (MBl. S. 116) und vom 27. April 1905 (MBl. S. 85) bis auf weiteres ausdrücklich aufrecht erhalten. Es verbleibt demgemäß dabei, daß Kursverluste bei Aufstellung des Jahresabschlusses

vorweg aus dem Reservefonds der Kasse insoweit gedeckt werden dürfen, als dieser dadurch nicht unter 5 Proz. der Passiva herabsinkt, und daß, sobald der Reservefonds 5 Proz. der Passiven erreicht hat, die Zinsen des Reservefonds den Jahresüberschüssen hinzugerechnet werden dürfen und der hieraus sich ergebende Gesamtbetrag für die Verteilung der Jahresüberschüsse, nach Maßgabe des § 7 des Gesetzes zu Grunde gelegt werden darf.

In jedem Falle, insbesondere da, wo der Reservefonds nicht getrennt vom Hauptfonds der Kasse geführt wird, ist darauf zu halten, daß der Reservefonds richtig berechnet, auch die ihm zuzuführenden Zinsen richtig eingestellt und nicht zu Unrecht den Überschüssen hinzugerechnet werden. Wo in dieser Hinsicht Unklarheiten zu Tage treten sollten, deren Vermeidung Schwierigkeiten bereitet, ist die getrennte Buchführung für den Reservefonds anzuordnen.

15. Der § 7 unterscheidet in Absatz 1 und 2 zwischen Sparkassen, welche weniger als 25 Proz., aber nicht unter 20 Proz., und solchen, welche mindestens 25 Proz. ihres verzinslich angelegten Vermögens in Inhaberpapieren anzulegen haben, und stellt für beide Gruppen ein verschiedenes Anteilsverhältnis für die Verteilung der Jahresüberschüsse auf, gibt auch für beide Gruppen die Inanspruchnahme der Jahresüberschüsse durch den Garantieverband nach Maßgabe der für ihre Zweckverwendung bestehenden Vorschriften gänzlich frei, sobald der Reservefonds 8 Proz. der Spareinlagen erreicht hat. Diese Vorschriften gelten nicht für Sparkassen, welche weniger als 20 Proz. Inhaberpapierbestand zu halten haben. Für diese Sparkassen verbleibt es bei der bisherigen Vorschrift, daß eine Überweisung von Überschüssen an den Garantieverband — und zwar der Hälfte der Überschüsse — erst stattfinden darf, wenn der Reservefonds mindestens 5 Proz. der Sparein-

lagen beträgt, und daß die gesamten Überschüsse dem Garantieverband erst zur Verfügung stehen, wenn der Reservefonds 10 Proz. der Spareinlagen erreicht hat. Daß es andererseits für die unter Abs. 1 und 2 des § 7 fallenden Sparkassen hinsichtlich der Verwendung der Sparkassenüberschüsse bei den Bestimmungen verbleibt, welche nach ihren Satzungen oder nach den an Stelle einer Satzung für sie etwa geltenden Spezialgesetzen für sie festgesetzt sind, soweit diese Bestimmungen für die Garantieverbände günstiger sind, als die in § 7 Abs. 1 und 2 des Gesetzes vorgesehenen, ist im Abs. 3 des § 7 des Gesetzes ausgesprochen.

16. Indem der § 7 des Gesetzes den Sparkassen künftig die Verwendung der Jahresüberschüsse zu „öffentlichen, dem gemeinen Nutzen dienenden Zwecken des Garantieverbandes“ gestattet, erweitert er für die große Mehrzahl der Kassen die Möglichkeit der Verwendung der Sparkassenüberschüsse. Denn unter „dem gemeinen Nutzen des Garantieverbandes dienenden Zwecken“ sind nach der Absicht des Gesetzes nicht bloß rein gemeinnützige Zwecke karitativer Art zu verstehen, sondern es fallen darunter auch Aufwendungen, die durch Ausbau des öffentlichen Wegenetzes, durch Verbesserung des Volksschul- und Armenwesens dem gemeinen Nutzen des Garantieverbandes zugute kommen, ohne im engeren Sinne als gemeinnützig, karitativ, gelten zu können. Daß die Verwendung der Sparkassenüberschüsse lediglich zur Herabminderung der Kommunalabgaben auch im Sinne des Gesetzes nicht dem gemeinen Nutzen des Garantieverbandes dient, da sie überwiegend nur den wohlhabenderen Steuerpflichtigen zum Vorteil gereichen würde, bedarf keiner Erörterung. Einer derartigen Auslegung des Gesetzes ist deshalb entgegenzutreten und insbesondere darauf zu halten, daß die verfügbaren Sparkassenüberschüsse nicht lediglich in den Etat des

Garantieverbandes eingestellt werden, sondern ihr Verwendungszweck im einzelnen ersichtlich gemacht wird.

Bei der durch das Gesetz gewährten Erweiterung der Verwendungszwecke der Sparkassenüberschüsse ist ferner die ausdrückliche Erwartung bestimmend gewesen, daß die Garantieverbände sich dadurch nicht veranlaßt sehen würden, die bisher vielfach und mit gutem Erfolge betätigte Unterstützung und Förderung mildtätiger und im engeren Sinne gemeinnütziger, insbesondere auch sozialer, dem Wohle der unbemittelten Bevölkerung dienenden Unternehmungen einzuschränken. Es wird Sache der Aufsichtsbehörden sein, bei den nach Abs. 4 des § 7 ihnen obliegenden Genehmigungen diesen Gesichtspunkt im Auge zu behalten.

Endlich ist nachdrücklich darauf zu halten, daß Sparkassenüberschüsse unter keinen Umständen zu irgend welchen politischen Parteizwecken, auch nicht mittelbar zur Unterstützung von Unternehmungen oder Organisationen politischer Parteien Verwendung finden. Eine derartige Verwendung wäre als dem Wortlaut und dem Sinne des Gesetzes widersprechend in jedem Falle zu beanstanden.

17. Eine Genehmigung der Sparkassenaufsichtsbehörde zur Verwendung der Jahresüberschüsse findet nach dem Schlußsatze des § 7 fernerhin nur noch statt, wenn die Überschüsse zur Deckung von auf gesetzlicher Verpflichtung beruhenden Ausgaben des Garantieverbandes verwendet werden sollen. Diese Vorschrift umfaßt andererseits alle Sparkassen der Monarchie, gleichviel was sonst in ihren Satzungen oder in Spezialgesetzen für sie festgesetzt ist. Der Begriff der auf gesetzlicher Verpflichtung beruhenden Ausgaben kehrt in den Gemeindeverfassungsgesetzen wieder, ist durch die Rechtsprechung wiederholt festgestellt und wird für die praktische Handhabung im Einzelfalle besondere

Schwierigkeiten nicht bereiten. Da der Bau von Kunststraßen im überwiegenden Teile der Monarchie nicht zu den gesetzlichen Aufgaben der Kommunal-, insbesondere Kreisverbände gehört, so ist im Interesse einer gleichmäßigen Behandlung aller Teile der Monarchie auch dort von dem Erfordern einer besonderen Genehmigung der Verwendung von Sparkassenüberschüssen für diese Wegebauten abzusehen, wo diese gesetzlich den betreffenden Kommunalverbänden obliegen.

Da die Sparkassenaufsichtsbehörde dafür verantwortlich bleibt, daß nur die wirklich zur Verwendung verfügbaren Jahresüberschüsse (Ziffer 14 oben) und zwar nur mit dem durch das Gesetz zugelassenen Anteile dem Garantieverbande überwiesen, auch die Verwendung nur zu den gesetzlich zugelassenen Zwecken und in den Fällen des § 7 Abs. 3 nur mit Genehmigung der Aufsichtsbehörde erfolgt, so sind die Sparkassen anzuweisen, der Aufsichtsbehörde von der Berechnung der zu verteilenden Jahresüberschüsse und von dem beabsichtigten Verwendungszwecke in jedem Falle rechtzeitig Anzeige zu machen. Erweist sich die Berechnung als unrichtig, oder ist der Verwendungszweck mit dem Gesetze nicht vereinbar, oder soll die Genehmigung zur Verwendung, wo sie gesetzlich erforderlich ist, versagt werden, so ist der Garantieverband davon tunlichst ungesäumt zu verständigen, damit er in der Lage ist, die Gestaltung seines Gemeindevoranschlages danach einzurichten und Beschlüsse zu verhüten, welche demnächst der Beanstandung oder in den Fällen des § 7 Abs. 3 der Versagung der Genehmigung unterliegen.

18. Da das Gesetz am 1. Januar 1913 in Kraft getreten ist, so steht nichts entgegen, daß auch schon bei der Verwendung der Sparkassenüberschüsse aus dem Jahre 1912, soweit sie noch nicht erfolgt ist, die Grundsätze des

§ 7 des Gesetzes zur Anwendung gelangen, vorausgesetzt, daß die betreffenden Sparkassen hinsichtlich der Anlegung ihrer Bestände in Inhaberpapieren bereits den in § 7 Abs. 1 oder 2 vorgesehenen Verpflichtungen unterliegen.

v. Dallwitz.

Register.

(Die Zahlen verweisen auf die Seiten.)

Frommann'sche Buchdruckerei (Hermann Pohle) in Jena.

Guttentagsche Sammlung

Deutscher Reichsgesetze.

Text-Ausgaben mit Anmerkungen. Taschenformat.

---

1. **Verfassung des Deutschen Reichs.** Von Dr. **L. von Rönne. 10. Aufl.** von Landrat **P. von Rönne** und Regierungsassessor **von Dobbeler.** 1912. **2 M.** 60 Pf.

2. **Strafgesetzbuch** für das Deutsche Reich. Von Prof. Dr. **Franz v. Liszt** und Dr. **Ernst Delaquis. 24. Aufl.** 1914. 3 M.

3. **Militärstrafgerichtsordnung** nebst Einführungsgesetz. Von Wirkl. Geheimen Kriegsrat Dr. jur. **A. Romen** und Kriegsgerichtsrat Dr. jur. **Carl Rissom.** 1910. 6 M.

4. **Handelsgesetzbuch vom 10. Mai 1897** unter Ausschluß des Seerechts. **14. Aufl.** Herausgegeben von Geh. Justizrat Prof. Dr. **A. Mosse.** 8°. 1911. 5 M.

5. **Wechselordnung vom 8. Juni 1908. Kommentar** von Justizrat Dr. **J. Stranz** und Rechtsanwalt Dr. **M. Stranz,** und das **Wechselstempelgesetz vom 15. Juli 1909** von Geh. Regierungsrat **P. Loeck. 11. Aufl.** 1913. 4 M.

5a. **Wechselstempelgesetz** apart. **11. Aufl.** 1913. 1 M. 50 Pf.

6. **Reichsgewerbeordnung** nebst Ausführungsbestimmungen. Von **Berger** und **Wilhelmi. 18. Auflage** von Stadtrat Dr. **Karl Flesch** in Verbindung mit Dr. **Friedr. Hiller** und Dr. **Herm. Luppe.** Mit Nachtrag, enthaltend die Änderungen bis 31. 3. 1912. **4 M.**

7. **Post- und Telegraphen-Gesetzgebung.** Nebst Weltpostvertrag und internationalem Telegraphenvertrag. **6. Aufl.** von Geh. Ober-Postrat Dr. **M. König.** 1908. **4 M.**

8. Die Reichsgesetze über den **Unterstützungswohnsitz, die Freizügigkeit, den Erwerb und Verlust der Bundes- und Staatsangehörigkeit.** Von Geheimrat Dr. **J. Krech,** Mitglied des Bundesamtes für das Heimatwesen. **8. Aufl.** 1913. 3 M. 60 Pf.

9. Sammlung **kleinerer strafrechtlicher Reichsgesetze.** Von Dr. **R. H. Kriegsmann,** Privatdozent in Kiel. **3. Aufl.** 1910. 4 M.

10. Das **Reichsbeamtengesetz** von **J. Pieper. 2. Aufl.** 1901. 4 M. 50 Pf.

Reichsbeamtengesetz von 1907 siehe Nr. 82.

11. **Zivilprozeßordnung mit Gerichtsverfassungsgesetz.** Von **R. Sydow.** Fortgeführt von **L. Busch,** Reichsgerichtsrat, jetzt zugleich mit **A. Busch,** Gerichtsassessor. **14. Aufl.** 8°. 1913. 8 M.

12. **Strafprozeßordnung und Gerichtsverfassungsgesetz** nebst den Gesetzen, betr. die Entschädigung der im Wiederaufnahmeverfahren freigesprochenen Personen und die Entschädigung für unschuldig erlittene Untersuchungshaft. Von Dr. **A. Hellweg,** Reichsgerichtsrat. **16. Aufl.** von Professor Dr. **Kohlrausch.** 1912. 3 M.

13. **Konkursordnung und Anfechtungsgesetz.** Von **R. Sydow.** Fortgeführt von **L. Busch. 11. Aufl.** 1911. 2 M. 80 Pf.

14. **Gerichtsverfassungsgesetz** mit Einführungsgesetz. Herausgegeben von **R. Sydow.** Fortgeführt von **L. Busch. 9. Aufl.** 1905. Mit Nachtrag, enthaltend die Novelle vom 1. Juni 1909. 1 M. 50 Pf.

15. Das **Deutsche Gerichtskostengesetz** nebst den Gebührenordnungen für Gerichtsvollzieher, Zeugen und Sachverständige. Von **R. Sydow.** Weiter bearbeitet von Reichsgerichtsrat **L. Busch** und Gerichtsassessor **Arno Busch. 9. Aufl.** 1912. 2 M. 60 Pf.

16. **Rechtsanwaltsordnung.** Von **R. Sydow. 5. Aufl.** von Justizrat **M. Jacobsohn.** 1907. Mit Nachtrag, enthaltend die Bestimmungen vom 22. Mai 1910. 1 M. 20 Pf.

17. Die **Deutsche Gebührenordnung für Rechtsanwälte und das Preußische Gebührengesetz** vom 27. September/6. Oktober 1899. Von **R. Sydow.** Fortgeführt von **L. Busch. 11. Aufl.** 1914. Im Druck.

18. **Reichsstempelgesetz** vom 3. Juli 1913. (Börsen-, Lotterie- [Spiel und Wette], Frachturkunden-, Fahrkarten-, Kraftfahrzeug-, Tantieme-, Scheck- und Grundstücksübertragungssteuer.) Mit den gesamten Ausführungsbestimmungen. **12. Aufl.** von Geh. Regierungsrat **P. Loeck.** 1914. 8°. Im Druck.

19. Die **Seegesetzgebung.** Von Dr. **W. E. Knitschky. 5. Aufl.** bearbeitet von Oberlandesgerichtsrat **Otto Rudorff** in Hamburg. 1913. 8 M.

20. **Krankenversicherungsgesetz.** Von weil. Dr. **E. von Woedtke.** Siehe Bd. 107.

21. Die **Konsulargesetzgebung.** Von Professor Dr. **Ph. Zorn. 3. Aufl.** bearbeitet von Reg.-Assessor Dr. **A. Zorn.** 1911. 4 M. 50 Pf.

22. **Patentgesetz.** Nebst Ausführungsbestimmungen, völkerrechtlichen Verträgen und der Patentanwalts-Ordnung. 7. **Aufl.** bearbeitet von **R. Lutter**, Geh. Reg.-Rat im Kaiserl. Patentamt. 1908. 2 M. 80 Pf.

23. **Gewerbe-Unfallversicherungsgesetz.** Von weil. Dr. **E. von Woedtke.** Siehe Bd. 108.

24. **Aktiengesellschaft und Kommanditgesellschaften auf Aktien.** Von Kammergerichtsrat Dr. **H. Keyßner** und Justizrat Dr. **H. Veit Simon. 6. Aufl.** von Amtsrichter **L. Keyßner.** 1911. 3 M.

25. **Brausteuergesetz.** vom 15. Juli 1909. Von **A. Düsse,** Oberzollrevisor. **2. Aufl.** 1910. 3 M.

26. Die Reichsgesetzgebung über **Münz- und Notenbankwesen.** Papiergeld, Prämienpapiere und Reichsschulden. Von Dr. jur **R. Koch,** Präsident des Reichsbankdirektoriums, **6. Aufl.** 1910. 4 M.

27. Die Gesetzgebung, betr. das **Gesundheitswesen** im Deutschen Reich. Von Dr. jur. **C. Goesch** und Dr. med. **J. Karsten.** 1888. 1 M. 60 Pf.

28. **Bau-Unfallversicherungsgesetz.** Vom 30. Juni 1900. Von **R. Chrzescinski.** Siehe Bd. 108.

29. **Erwerbs- und Wirtschaftsgenossenschaften.** Von **L. Parisius** und Dr. **H. Crüger. 14. neu bearb. Aufl.** von Dr. **H. Crüger.** 1912. 1 M. 80 Pf.

30. **Invalidenversicherungsgesetz** vom 13. Juli 1899. Von weil. Dr. **E. von Woedtke.** Siehe Bd. 109.

31. **Gewerbegerichtsgesetz.** Von Stadtrat **L. Mugdan. 7. Aufl.** bearbeitet von **W. Cuno**, Oberbürgermeister zu Hagen i. W. 1911. 2 M. 50 Pf.

32. Reichsgesetz, betr. die **Gesellschaften mit beschränkter Haftung.** Von **L. Parisius** und Dr. **H. Crüger. 13. Aufl.** von Dr. **H. Crüger.** 1914. 2 M.

33. **Vereins- und Versammlungsrecht.** Von Dr. **E. Ball. 2. Aufl.** von Dr. **F. Friedenthal.** 1907. 2 M. 50 Pf.

Reichs-Vereinsgesetz vom 19. April 1908 siehe Nr. 88.

34. Die **Abzahlungsgeschäfte.** Gesetz vom 16. Mai 1894. **3. vermehrte Aufl.** besorgt von Dr. **E. Wilke**, Landgerichtsrat. 1910. 1 M. 25 Pf.

35. Die **Reichs-Eisenbahngesetzgebung.** Von **W. Coermann**, Kaiserl. Amtsrichter. 1895. 2 M. 25 Pf. S. auch Bd. 66.

36. Gesetze, betr. die **privatrechtlichen Verhältnisse der Binnenschiffahrt und der Flößerei.** Von **E. Löwe**, Landgerichtsrat. **4. Aufl.** 1909. 3 M.

37. Gesetz gegen den **unlauteren Wettbewerb.** Von Justizrat **A. Pinner. 6. Aufl.** 1912. 1 M. 50 Pf.

38/39. **Bürgerliches Gesetzbuch nebst Einführungsgesetz** von Dr. **A. Achilles.** In Verbindung mit Professor Dr. **André**, Kammergerichtsrat **Ritgen**, Reichsgerichtsrat Dr. **Strecker**, Senatspräsident Dr. **v. Unzner** herausgegeben von Wirkl. Geh. Ober-Justizrat u. Oberlandesgerichtspräsident **Greiff. 7. Aufl.** 8°. 1912. 7 M.

40. **Gesetz,** betr. die **Pflichten der Kaufleute bei Aufbewahrung fremder Wertpapiere (Depotgesetz).** Mit Erläuterungen. Von **F. Lusensky,** Geh. Ober-Regierungsrat. **2. Aufl.** 1905. 1 M.

41. **Börsengesetz.** Von Wirkl. Geh. Ober-Regierungsrat **Th. Hemptenmacher.** Neue Aufl. im Druck.

42. **Grundbuchordnung** nebst den preußischen Ausführungsbestimmungen. Mit Einleitung. Von Prof. Dr. **O. Fischer. 6. Aufl.** 1912. 2 M.

43. **Zwangsvollstreckung in das unbewegliche Vermögen** im **Reiche und in Preußen.** Mit Einleitung, **Kosten-** und Gebührentabellen. Von Dr. **J. Krech** u. Dr. **O. Fischer. 7. Aufl.** bearbeitet von Professor Dr. **O. Fischer** u. Landrichter Dr. **F. Krech.** 1914. etwa 3 M.

44. **Das** Reichsgesetz **über das Auswanderungswesen** vom 9. Juni 1897. **Von Professor Dr. Felix Stoerk.** 1899. 2 M. 25 Pf.

45. **Das Entmündigungsrecht** unter Berücksichtigung der für Preußen geltenden Vorschriften nebst der preußischen Justiz-Ministerial-Verfügung vom 28. November 1899. **Von Landgerichtsrat Dr. P. Koll in Cöln.** 1900. 1 M. 50 Pf.

46. **Die Gesetze des Reiches und Preußens über die freiwillige Gerichtsbarkeit.** Von **Herm. Jastrow,** Amtsgerichtsrat. **5. Aufl.** 1911. 3 M. 60 Pf.

47. **Das deutsche Vormundschaftsrecht** und das preuß. Gesetz über die Fürsorgeerziehung Minderjähriger nebst den dazu gehörigen preußischen Nebengesetzen. Von Oberverwaltungsgerichtsrat **Max Schultzenstein** und Amtsgerichtsrat Dr. **Paul Köhne. 2. Aufl.** 1901. 3 M.

48. Gesetze und Verordnungen, betr. den **Drogen-, Gift- und Farbenhandel** außerhalb der Apotheken. Von Dr. **J. Broh**, Rechtsanwalt. 1899. 1 M. 25 Pf.

49. Deutsche **Kolonialgesetzgebung.** Von Geh. Justizrat Professor Dr. **Philipp Zorn.** 2. Aufl. von Gerichtsassessor Dr. **Sassen.** 1913. 7 M. 50 Pf.

50. Der **Viehkauf** (Viehgewährschaft) nach dem Bürgerlichen Gesetzbuche unter Berücksichtigung des ausländischem Rechts. Verordnung betr. die Hauptmängel und Gewährsfristen beim Viehhandel. Von Rechtsanwalt Dr. **H. Stölzle** und Königlichem Regierungs- und Veterinärrat **H. Weiskopf. 5. Aufl.** 1913. 6 M.

51. **Hypothekenbankgesetz** vom 13. Juli 1899. Von Dr. **H. Göppert. 2. Aufl.** Bearbeitet von Geh. Reg.-Rat Dr. **Seidel.** 1911. 2 M. 40 Pf.

52. Gesetz, betreffend die gemeinsamen **Rechte der Besitzer von Schuldverschreibungen.** Von Dr. **Heinrich Göppert.** 1900. 2 M.

53. **Reichspreßgesetz** vom 7. Mai 1874. Mit Kommentar von Erstem Bürgermeister **A. Born.** 1911. **2. Aufl.** 2 M.

54. Die Reichsgesetzgebung **über den Verkehr** mit **Nahrungsmitteln, Genußmitteln** und **Gebrauchsgegenständen.** Von Dr. **Georg Lebbin,** Nahrungsmittelchemiker in Berlin. 1900. 2 M. 25 Pf.

55. Das Recht der **Beschlagnahme von Lohn- und Gehaltsforderungen.** Von Justizrat **Georg Meyer. 5. Aufl.** 1914. Im Druck.

56. Gesetz, betr. die **Bekämpfung gemeingefährlicher Krankheiten.** Nebst Ausführungsbestimmungen. Von Dr. **Bruno Burkhardt**, Regierungsrat, Mitglied des Kaiserl. Gesundheitsamts. 1900. 1 M. 40 Pf.

57. **See-Unfallversicherungsgesetz.** Von Dr. **Max Mittelstein**, Oberlandesgerichtsrat in Hamburg. Siehe Bd. 108.

58. **Das Recht der unehelichen Kinder** nach dem BGB. Von **Hermann Jastrow**, Amtsgerichtsrat. 1901. 1 M. 80 Pf.

59. Reichsgesetz über die **Beurkundung des Personenstandes und die Eheschließung.** Von Dr. **F. Fidler**, Amtsgerichtsrat. 1912. **2. Aufl.** 2 M. 50 Pf.

60. Gesetz, betreffend das **Urheberrecht an Werken der Literatur und der Tonkunst.** Von Geh. Justizrat **Otto Lindemann. 3. Aufl.** 1910. 1 M. 60 Pf.

61. **Gesetz über das Verlagsrecht.** Von Justizrat **E. Heinitz. 2. Aufl.** Bearbeitet von Rechtsanwalt Dr. **Br. Marwitz.** 1911. 1 M. 80 Pf.

62. Gesetz über **private Versicherungsunternehmungen.** Von **H. Könige**, Reichsgerichtsrat. **2. Aufl.** 1910. 4 M. 20 Pf.

63. **Gesetzestafel des Deutschen Reichsrechts.** Systematisch geordnete Nachweisung des z. Z. geltenden Reichsrechts. Von **Hugo Bruhns**, Bürgermeister. 1913. 8°. **2. Aufl.** 3 M. 50 Pf.

64. Gesetzsammlung betr. den **Handel mit Drogen und Giften.** Reichsgesetzliche Bestimmungen und Anhang mit den landesgesetzlichen Verordnungen sämtlicher Bundesstaaten. Von Rechtsanwalt **H. Sonnenfeld**, Syndikus der Berliner Drogisten-Innung. **2. Aufl.** 1912. 4 M.

65. Das **Weingesetz** in der Fassung von 1909. Mit Ausführungsbestimmungen von Dr. **Georg Lebbin**, Nahrungsmittelchemiker. **2. Aufl.** 1909. 2 M. 50 Pf.

66. Die **Eisenbahn-Gesetzgebung**. Von **W. Pietsch**, Rechnungsrat im Reichs-Eisenbahn-Amt. **2. Aufl.** 1913. 3 M. 60 Pf.

67. **Militär-Strafgesetzbuch für das Deutsche Reich** mit der Novelle vom 8. 8. 1913. Von Wirklichem Geheimen Kriegsrat Dr. **A. Romen** und Kriegsgerichtsrat Dr. **C. Rissom**. 1912. 6 M.

68. Das **Fleischbeschaugesetz**. Vom 3. Juni 1900. Von Dr. **Georg Lebbin**, Nahrungsmittelchemiker und Rechtsanwalt Dr. **Georg Baum**. 1903. 4 M.

69. Reichsgesetz über die **Naturalleistungen der bewaffneten Macht im Frieden** nebst den in Preußen geltenden Bestimmungen. Von Landrat Dr. **Walter v. Hippel**. 1903. 1 M. 25 Pf.

70. Das **Reichs-Haftpflichtgesetz**, vom 7. Juni 1871. Von Regierungsrat Dr. **G. Eger**. 1903. 3 M.

71. **Kinderarbeit in gewerblichen Betrieben**, vom 30. März 1903. Von **H. Spangenberg**, Oberverwaltungsgerichtsrat. **2. Aufl.** 1904. 1 M. 60 Pf.

72. **Unfallversicherungsgesetz für Land- und Forstwirtschaft** von weil. Dr. **E. von Woedtke**. Siehe Band 108.

73. **Entschädigung für unschuldig erlittene Verhaftung und Bestrafung**. Nebst Anhang, enthaltend die dazu gehörigen Nebengesetze über Schadensersatz. Von Dr. jur. **A. Romen**, Wirklichem Geheimen **Kriegsrat**. 1904. 2 M.

74. Die **Kaufmannsgerichte** nebst den preuß. Ausführungsbestimmungen. Von Professor Dr. **Max Apt. 3. Aufl.** 1905. 2 M.

75. Reichsgesetz über die **Konsulargerichtsbarkeit.** Von Dr. jur. **A. F. Vorwerk,** Rechtsanwalt in Schanghai. 2. Ausgabe, mit dem Schutzgebietsgesetz und der Ausführungsverordnung, betr. die Rechtsverhältnisse in den Schutzgebieten. 1908. 2 M.

76. **Die Rechtshilfe im Verkehr mit den ordentlichen Gerichten nach deutschem Reichsrecht.** Von Landrichter Dr. **A. Friedländer.** 1906. 1 M. 80 Pf.

77. **Das Reichserbschaftssteuergesetz.** Vom 3. Juni 1906. Von **Ulrich Hoffmann,** Rechnungsrat im Königl. Preuß. Finanzministerium. **2. Aufl.** mit Nachtrag, enth. die Bestimmungen v. 3. Juli 1913. 1911. 5 M.

78. **Zigarettensteuergesetz.** Vom 15. Juli 1909. Von Dr. **Cuno,** Regierungsassessor. **2. Aufl.** in Vorbereitung.

79. **Die Militärpensionsgesetze** vom 31. Mai 1906 nebst Ausführungsbestimmungen. Zum Gebrauch für Heer, Marine und Schutztruppe von Dr. jur. **A. Romen,** Wirklicher Geheimer Kriegsrat.
   a) I. Teil: Offizierpensionsgesetz. 1907. 3 M. 50 Pf.
   b) II. Teil: Mannschaftsversorgungsgesetz. 1908. 3 M. 50 Pf.

80. Reichsgesetzgebung über **gerichtliche Registerführung.** Von **Otto Lindemann,** Geh. Justizrat. 1906. 3 M.

81. Gesetz, betr. **Urheberrecht an Werken der bildenden Künste und der Photographie.** Von Dr. **Ludwig Fuld**, Rechtsanwalt. 1907. 1 M.

82. **Reichsbeamtengesetz** in der Fassung vom 18. Mai 1907 und seine Ergänzungen von Geheimrat Professor Dr. **Adolf Arndt.** 1908. 3 M.

83. Reichsgesetz über **den Versicherungsvertrag** nebst Einführungsgesetz. Von Dr. **Paul Hager** und Dr. **E. Bruck. 3. vermehrte und verbesserte Auflage.** 1913. 6 M.

84. **Sammlung kleinerer privatrechtlicher Reichsgesetze** von Oberlandesgerichtsrat **Georg Müller.** 1908. 6 M. 50 Pf.

85. **Scheckgesetz** mit Einleitung usw. Von Prof. Dr. **Max Apt. 5. Aufl.** Mit Postscheckordnung vom 6. Nov. 1908 und im Anhang „Besteuerung des Schecks". 1909. 2 M.

86. **Die Auslieferungsverträge des Deutschen Reiches** von Landrichter **A. Cohn.** 1908. 4 M.

87. Gesetz zum **Schutz der Warenbezeichnungen.** Von Geh. Reg.-Rat, Mitglied des Patentamts Dr. **Freund** und Rechtsanwalt **Magnus. 5. Aufl.** 1909. 3 M. 50 Pf.

88. **Vereinsgesetz** vom 19. April 1908. Von Dr. jur. **A. Romen,** Wirkl. Geh. Kriegsrat. **3. Aufl** 1912. 2 M. 50 Pf.

89. **Vogelschutzgesetz** vom 30. Mai 1908 nebst den das Flugwild betr. Bestimmungen der Preußischen Jagdordnung von Dr. jur. **Leo von Boxberger.** 1908. 1 M.

90. Die Haager Abkommen über das **Internationale Privatrecht.** Von Dr. **G. A. E. Bogeng.** 1908. 2 M. 20 Pf.

91. **Eisenbahn-Verkehrsordnung** vom 23. Dez. 1908. Mit Ausführungsbestimmungen. Von Regierungsrat Dr. **Ernst Blume.** 1909. 2 M. 50 Pf.

92. Gesetz, betr. den **Verkehr mit Kraftfahrzeugen.** Von Amtsrichter **R. Kirchner. 2. Ausgabe** ergänzt durch die Bundesratsverordnung vom 3. Febr. 1910 und das Internationale Uebereinkommen vom 11. Okt. 1909. 1910. 3 M.

93. Gesetz über die **Sicherung der Bauforderungen** von Justizrat Dr. **E. Harnier. 3. Aufl.** 1912. 1 M. 60 Pf.

94. **Haftpflicht der Reichs- und Staats-Beamten** von Dr. **H. Delius. 2. Aufl.** 1909. Mit Nachtrag, enth. das Gesetz über die Haftung des Reichs für seine Beamten vom 22. Mai 1910. 3 M. 50 Pf.

95. Die Berner Uebereinkunft über **internationales Urheberrecht** von Geh. Ob.-Reg.-Rat Dr. **Herm. Dungs.** 1910. 1 M.

96. **Branntweinsteuergesetz** vom 15. Juli 1909. Unter Berücksichtigung der für das Reich erlassenen Ausführungsbestimmungen. Von Geh. Reg.-Rat **Johs. Ray,** vortrag. Rat im Reichsschatzamt. 1910. 3 M. 50 Pf.

97. **Schutzgebietsgesetz** nebst Verord. betr. die Rechtsverhältnisse in den Schutzgebieten, dem Gesetz über die Konsulargerichtsbarkeit sowie den Ausführungsbest. Von **Johs. Gerstmeyer,** Wirkl. Legationsrat und vortrag. Rat im Reichskolonialamt. 1910. 3 M.

98. **Sechs Haager Abkommen** über **Internationales Privatrecht.** Von Geh. Ob.-Reg.-Rat Dr. **Herm. Dungs.** 1910 1 M. 50 Pf.

99. **Die Abkommen der Haager Friedenskonferenz.** Von Dr. jur. **Hans Wehberg.** 1910. 3 M.

100. Gesetz über den **Absatz von Kalisalzen.** Von Geh. Bergrat **Carl Voelkel.** 1910. 2 M. 40 Pf.

101. **Zuwachssteuergesetz** vom 14. Februar 1911. Von Dr. **W. Cuno,** Geheimer Regierungsrat im Reichsschatzamt. 1911. 3 M. 60 Pf.

102. **Urheberrecht an Mustern und Modellen** u. Ges. betr. Schutz v. Gebrauchsmustern von Reg.-Rat **Johs. Neuberg,** Mitgl. d. **K.** Patentamts. 1911. 2 M. 40 Pf.

103. **Reichs-Viehseuchengesetz** vom 26. Juni 1909 nebst Ausführungsvorschriften u. dem preuß. Ausführungsgesetz. Von Landrat Dr. **Walter v. Hippel. 2. Aufl.** 1912. 4 M. 50 Pf.

104. **Versicherungsgesetz** für Angestellte vom 20. Dez. 1911. Von Rechtsanwalt **O. Bernstein** und Dr. **J. Kupferberg. 2. Aufl.** 1912. 3 M. 50 Pf.

105. **Das Geldwesen in den deutschen Schutzgebieten.** Von **W. Hintze,** Geheimer exped. Sekretär im Reichskolonialamt. 1912. 2 M.

106—109. **Reichs-Versicherungsordnung nebst Einführungsgesetz:** Herausgegeben unter Mitwirkung von Dr. **F. Caspar,** Wirkl. Geh. Rat, Direktor im Reichsamt d. Innern und **A. Spielhagen,** Geh. Ob.-Reg.-Rat, vortr. Rat im Reichsamt d. Innern. 4 Bände.

106. Erstes, fünftes und sechstes Buch. **Gemeinsame Vorschriften. — Beziehungen der Versicherungsträger zu einander und zu anderen Verpflichteten. — Verfahren.** Bearbeitet von Dr. **K. Lippmann,** Reg.-Rat im Reichsversicherungsamt, Professor, Geh. Reg.-Rat Dr. **L. Laß** und Geh. Reg.-Rat **H. Siefart,** vortrag. Räte im Reichsamt **des Innern.** 1913. 6 M.

107. Zweites Buch. **Krankenversicherung.** Von Geh. Reg.-Rat **H. Siefart,** vortrag. Rat im Reichsamt des Innern. Im Druck.

108. Drittes Buch. **Unfallversicherung.** Von Geh. Reg.-Rat **A. Radtke,** Senatsvorsitzender im Reichsversicherungsamt. 1913. 8 M.

109. Viertes Buch. **Invaliden- und Hinterbliebenenversicherung.** Bearbeitet von Geh. Ober-Regierungs-Rat **B. Jaup,** vortragender Rat im Reichsamt des Innern und **H. Follmann,** Geh. Reg.-Rat im Reichsversicherungsamt. 1912. 4 M.

110. **Wehrbeitragsgesetz** mit Ausführungsbestimmungen. Von Geheimem Ober-Finanzrat **A. Fernow. 2. Aufl.** 1913. 2 M.

111. **Reichs- und Staatsangehörigkeitsgesetz.** Vom 22. Juli 1913. Von Dr. **R. Romen,** Wirklichem Geheimen Kriegsrat. 1913. 2 M. 20 Pf.

112. **Kaufmannsgerichtsgesetz** und die anzuwendenden Bestimmungen des Gewerbegerichtsgesetzes unter besonderer Berücksichtigung der Literatur und Rechtsprechung. Von Magistratsrat Dr. **H. Depène,** Vorsitzender des Kaufmannsgerichts Berlin. 1914. 2 M. 60 Pf.

113. **Postscheckgesetz.** Von Oberpostinspektor **J. Weiland.** 1914. 1 M. 50 Pf.

In Vorbereitung:

Besitzsteuergesetz (Vermögenszuwachssteuergesetz). Von Geheimem Ober-Finanzrat **A. Fernow.**

Guttentagsche Sammlung

Preußischer Gesetze.

Textausgaben mit Anmerkungen. Taschenformat.

---

1. Die **Verfassungs-Urkunde** für den Preußischen Staat. Mit Einleitung, vollständigem Kommentar. Von Prof. Dr. **Adolf Arndt. 7. Aufl.** 1911. **4** M.

2. Preußische **Beamten-Gesetzgebung.** Enthaltend die wichtigsten Beamtengesetze in Preußen. Von **C. Pfafferoth. 4., neubearb. Aufl.** 1905. Mit Anhang: Abänderung vom 27. Mai 1907. 2 M.

3. **Die Aufnahme des Nottestaments** durch die bestellten Urkundspersonen. Anweisung mit Musterbeispielen und Abriß des Erbrechts von Amtsgerichtsrat **C. Kurtz.** 1904. 1 M. 50 Pf.

4. **Gebührenordnung** für **Notare** vom 25. Juli 1910. **4. Aufl.** bearbeitet von Justizrat **Rausnitz.** 1910. 2 M. 20 Pf.

5. Gesetz vom **24. April 1854 (betr. die außerehel. Schwängerung).** Von Dr. **Schulze.** 1873. 75 Pf.
   Gültiges Recht siehe: Reichsgesetze Nr. 58.

6. Die Preuß. **Ausführungsgesetze und Verordnungen zu den Reichs-Justizgesetzen.** Von **R. Sydow.** Siehe Seite 24, Busch-Eylau, Ausführungsgesetze.

7. Allg. **Gerichtsordnung** und Preuß. **Konkursordnung.** Von **F. Vierhaus.** Vergriffen.

8. **Vormundschaftsordnung.** Von **F. Schultzenstein.**
   Gültiges Recht siehe: Reichsgesetze Nr. 47.

9. Die Preußische **Grundbuchgesetzgebung.** Von Prof. Dr. **Fischer.** Vergriffen. Siehe: Reichsgesetze Nr. 42.

10. **Einkommensteuergesetz.** Von **A. Fernow,** Geh. Ober-Finanzrat. 8. **Aufl.** 1913. 5 M.

11. **Gewerbesteuergesetz.** Von **A. Fernow,** Geh. Ober-Finanzrat. **5., vermehrte Aufl.** 1910. 3 M.

12. **Allgemeines Berggesetz.** Mit seinen Novellen und Nebengesetzen. 3. **Aufl.,** bearbeitet von den Oberbergräten **Schlüter** und **Hense.** 1913. 7 M. 50 Pf.

13. **Ergänzungssteuergesetz** (Vermögenssteuergesetz). Von **A. Fernow,** Geh. Ober-Finanzrat. **4. Aufl.** 1907. 2 M. 40 Pf.

14. **Kommunalabgabengesetz.** Vom 14. Juli 1893 und Gesetz wegen Aufhebung direkter Staatssteuern. Von Dr. F. **Adickes,** Oberbürgermeister. **5. Aufl.** Bearbeitet von Stadtrat Dr. **Woell.** 1911. 2 M. 40 Pf.

15. Die **Kreisordnungen** für den Preußischen Staat. Von O. **Kolisch,** Landgerichtsrat. 1894. 4 M.

16. **Konzessionierung gewerblicher Anlagen.** Preuß. Ausführungs-Anweisung zu §§ 16 u. ff. der Gewerbe-Ordnung. Von Dr. **W. v. Rüdiger,** Geh. Regierungs- u. Gewerberat. **2. Aufl.** 1901. 2 M.

17. Preußisches **Gerichtskostengesetz.** Vom 25. Juli 1910. Mit Kostentabellen. Von Dr. **P. Siméon, Kammergerichtsrat.** 7. **Aufl.** 1913. 4 M.

18. **Preußisches Stempelsteuergesetz** vom 30. Juni 1909. Mit sämtlichen Ausführungsbestimmungen. Von **P. Loeck**, Geh. Regierungsrat. **7. Aufl.** 8°. 1911. 7 M.

19. Das **Jagdscheingesetz**. Von **F. Kunze**, Wirklichem Geh. Ober-Regierungsrat. **2. Aufl.** 1899. 2 M.

20. Die **preußischen Erbschaftssteuergesetze**. Von **U. Hoffmann**, Rechnungsrat im Königl. preuß. Finanzministerium. 1905. 4 M.

(**Reichs**-Erbschaftssteuergesetz s. Reichsgesetze Nr. 77).

21. Gesetz **über die Handelskammern**. Von **F. Lusensky**, Geh. Regierungsrat. **2. Aufl.** 1909. 3 M.

22. Gesetz, betr. **Anstellung und Versorgung der Kommunalbeamten**. Von Dr. **W. Ledermann**. **2. Auflage.** 1914. Bearbeitet von Dr. **Ludwig Brühl**. 2 M. 20 Pf.

23. **Ausführungsgesetz zum Bürgerlichen Gesetzbuche**. Von Kammergerichtsrat Dr. **P. Simeon**. **3. Aufl.** 1914. 2,20 M.

24. Die **Hinterlegungsordnung** nebst Ausführungsbestimmungen. Von Regierungsrat Dr. **Georg Bartels**. **2. Aufl.** 1908. 2 M.

—, Gesetz vom 21. April 1913 s. Nr. 53.

25. **Preußische Kommunalbeamtengesetzgebung**. Von Magistrats-Assessor Dr. **Fr. Kremski**, Berlin. 1901. 3 M.

26. Gesetze **über das Diensteinkommen der Lehrer und Lehrerinnen, Ruhegehalt und Fürsorge für Hinterbliebene.** Tabelle zur Berechnung der Ruhegehalts-, Witwen- und Waisenbezüge. Von Dr. **Ed. Cremer**, Beigeordneter. 1900. 2 M. 40 Pf.

27. Gesetz, betreffend die **Warenhaussteuer**. Von Geh. Ober-Finanzrat Dr. **G. Strutz**. 1900. 1 M. 20 Pf.

28. Gesetz über die **Fürsorgeerziehung Minderjähriger**. Von Landgerichtsdirektor Dr. **P. F. Aschrott**. **2. umgearbeitete Aufl.** 1907. 2 M. 80 Pf.

29. Gesetz, betr. **die ärztlichen Ehrengerichte, das Umlagerecht und die Kassen der Aerztekammern.** Von Amtsgerichtsrat Dr. **F. Fidler**. 1901. 1 M. 50 Pf.

30. **Das Preußische Staatsschuldbuch** und **Reichsschuldbuch.** Von Wirkl. Geh. Ober-Finanzrat **J. Mücke**. 1902. 2 M.

31a. **Die geltenden Preußischen Gesindeordnungen.** Herausgegeben in zwei Bänden von **Stephan Gerhard**, Rechtsanwalt in Berlin.

Band I: Gesindeordnung für die altpreußischen Provinzen vom 8. Nov. 1810, bearbeitet mit ausführlichen Erläuterungen unter Berücksichtigung der Ergänzungsgesetze, der Rechtsverhältnisse der Stellenvermittler und der Reichsversicherungsordnung, sowie die Gesindeordnungen für Neuvorpommern und Rügen und für

31b. **Band II:** Gesindeordnungen für Hannover, Schleswig-Holstein, Hessen-Nassau und den Regierungsbezirk Hohenzollern. 2 M. 50 Pf.

Siehe auch Seite 25: Ratgeber von **Grieben**.

die Rheinprovinz. **2. Aufl.** 1914. 3 M.

32. **Die Städteordnung für die sechs östlichen Provinzen Preußens** vom 30. Mai 1853. Von Stadtrat Dr. **Walter Ledermann** u. Magistratsrat Dr. **Ludwig Brühl**. **2. Aufl.** 1913. 7 M. 50 Pf.

33. **Rentenguts- und Anerbenrechts-Gesetzgebung in Preußen.** Von Landgerichtsrat **M. Peltasohn** und Rechtsanwalt **Bruno Peltasohn**. 1903. 3 M.

34. Sammlung der wichtigsten **preußischen Strafgesetze** nebst Anhang: Gesetz betr. polizeiliche Strafverfügungen vom 23. April 1883. Von **Otto Lindemann**, Geheimen Justizrat. 1912. **2. Aufl.** 3 M. 50 Pf.

35. **Geschäftsordnung für Gerichtsvollzieher.** Von **Emil Exner.** 1904. 3 M. 50 Pf.

36. **Polizeiverordnungen in Preußen.** Von **Otto Lindemann,** Geheimen Justizrat. 1912. **2. Aufl.** 2 M. 50 Pf.

37. Gesetz über die **Enteignung von Grundeigentum** vom 11. Juni 1874. Von Oberlandesgerichtsrat **O. Meyer. 2. Aufl.** 1911. 2 M. 25 Pf.

38. **Kreis- und Provinzial-Abgabengesetz.** Vom 23. April 1906. Von **Fr. Schmidt,** Gemeindevorsteher. 1906. 1 M. 25 Pf.

39. Gesetz, betr. die **Unterhaltung der öffentl. Volksschulen.** Von Dr. **A. Marcks,** Regierungsrat. 1906. 2 M.

40. **Verwaltungsstrafverfahren** bei Zuwiderhandlungen gegen die Zollgesetze und indirekte Reichs- und Landesabgaben. Von Dr. **Richard Katzenstein.** 1907. 3 M. 60 Pf.

41. Die **preußischen Jagdpolizeigesetze.** Von **Fr. Kunze,** Wirkl. Geh. Oberregierungsrat und **R. Kühnemann,** Rechtsanwalt. **2. Aufl.** 1907. 3 M. 60 Pf.

42. Die Gesetzgebung über die **Allgemeine Landesverwaltung** und über die **Zuständigkeit der Verwaltungs- und Verwaltungsgerichtsbehörden.** Von Rechtsanwalt Dr. **Karl Friedrichs.** 1908. 3 M.

43. Gesetz betr. die **Zulassung einer Verschuldungsgrenze** für land- und forstwirtschaftlich benutzte Grundstücke. Von Dr. jur. **R. Leweck,** Syndikus. 1908. 2 M. 40 Pf.

44. **Quellenschutzgesetz** nebst den Ausführungsbestimmungen von **Carl Voelkel**, Geheimer Bergrat. 1909. 1 M.

45. **Rechtsverhältnisse der Juden in Preußen** von Dr. jur. **Max Kollenscher**, Rechtsanwalt. 1910. 2 M. 40 Pf.

46. **Austritt aus der Landeskirche** vom 14. Mai 1873. Von Gerichtsassessor **Hrch. Chr. Caro**. 1911. 2 M. 40 Pf.

47. Gesetz, betr. die **Feuerbestattung** von Amtsgerichtsrat Dr. **W. Lohmann**. 1911. 1 M. 50 Pf.

48. **Zweckverbandsgesetz für Groß Berlin** vom 19. Juli 1911 nebst Abdruck des allgemeinen Zweckverbandsgesetzes. Von Magistratsräten Dr. **Ludw. Brühl**, Dr. **Kurt Gordan** und Stadtrat Dr. **Walter Ledermann** in Berlin. 1912. 4 M.

49. **Gesetze gegen die Verunstaltung landschaftlich hervorragender Gegenden** mit Ausführungsanweisungen. Von Regierungsrat **Otto Goldschmidt**. 1912. 2 M. 50 Pf.

50. **Gesetz, betr. die Anlegung und Veränderung von Straßen und Plätzen in Städten und ländlichen Ortschaften** von Oberlandesgerichtsrat **O. Meyer**. 1912. 3 M.

[51. **Das preußische Disziplinargesetz für die nichtrichterlichen Beamten** nebst dem Disziplinargesetze für die Privatdozenten. Von Regierungsrat Dr. **Eugen v. Dultzig**. Im Druck.

52. **Preußisches Wassergesetz** v. 7. April 1913 von Rechtsanwalt **Georg Wulff** und Rechtsanwalt **Ferd. Herold**. 1913. 5 M.

53. **Hinterlegungsordnung** v. 21. April 1913. Von **Hagemann**, Landrichter. 2 M. 25 Pf.

54. Gesetz, betr. die **Anlegung von Sparkassenbeständen in Inhaberpapieren** nebst Ausführungsverordnung vom 8. Mai 1913. Kommentar von Rechtsanwalt **Herbert Döhring**. 2 M.

Guttentagsche Sammlung
von Textausgaben mit Sachregister ohne Anmerkungen.
Taschenformat, elegant in Leinen gebunden.

Zivilprozeßordnung mit **Gerichtsverfassungsgesetz** und **Einführungsgesetzen.** Neue Fassung. Mit der Novelle vom 22. Mai 1910. 2 M.

Konkursordnung mit **Einführungsgesetz.** 80 Pf.

Bürgerliches Gesetzbuch nebst **Einführungsgesetz.** 10. Abdruck. 2 M. 50 Pf.

Handelsgesetzbuch nebst **Einführungsgesetz** und **Seerecht.** 8. Abdruck. 1910. 1 M. 80 Pf.

Reichsversicherungsordnung von 1911 (Kranken-, Unfall-, Invaliden- u. Hinterbliebenenversicher.). 20—30 Tausend. 2 M.

Militärstrafgerichtsordnung nebst **Einführungsgesetz** u. Gesetzen, betr. Dienstvergehen der richterlichen Militärjustizbeamten und unfreiwillige Versetzung derselben usw. mit **Militär-Strafgesetzbuch.***) **2. Aufl.** 1 M. 50 Pf.

*) Ist auch einzeln zu haben. Preis 1 M.

Wechselordnung mit Anhang: **Wechselprozeß und Ausführungsanweisung.** 1908. 1 M.

Die Preußischen Ausführungsgesetze zum Bürgerlichen Gesetzbuche und Nebengesetze. 5. Aufl. 1 M. 80 Pf.

Reichsfinanzgesetze von 1909 einschließlich der **Reichsstempelgesetze** und des **Erbschaftssteuergesetzes.** 1909. 2 M.

Zuwachssteuergesetz vom 14. Februar 1911. 80 Pf. **Ausführungsbestimmungen** dazu 60 Pf.

Versicherungsgesetz für Angestellte vom 20. Dez. 1911. 1 M. 25 Pf.

Strafgesetzbuch. Mit ausführl. Sachregister. 1912. 1 M. 20 Pf.

Wehrbeitrag und **Besitzsteuer.** Mit ausführl. Sachregister. 1913. 1 M.

Struckmann-Koch, Zivilprozeßordnung für das Deutsche Reich nebst den auf den Zivilprozeß bezüglichen Bestimmungen des Gerichtsverfassungsgesetzes und den Einführungsgesetzen. In den neuen Fassungen mit der Novelle von 1910. Kommentar. Herausgegeben unter Mitwirkung von **R. Rasch,** Landgerichtspräsident in Altona, Dr. **P. Koll,** Senatspräsident beim Oberlandesgericht in Cöln, Dr. **Flechtheim,** Rechtsanwalt beim Oberlandesgericht in Cöln. **9., umgearbeitete Auflage.** 1910. Lex.-8°. 24 M., geb. 26 M.

Pinner, Kommentar zum Gesetz **gegen den unlauteren Wettbewerb** vom 7. Juni 1909. **2. Aufl.** Herausgegeben von Justizrat **Albert Pinner** und Rechtsanwalt Dr. **Erich Eyck.** 1910. Gr.-8°. 5 M. 50 Pf., geb. 6 M. 50 Pf.

Das preußische Warenhaussteuergesetz vom 18. Juli 1900, in Verbindung mit den anderen deutschen Warenhaussteuergesetzen. Erläutert von Dr. **J. Wernicke,** Syndikus. 1913. Preis 4 M. 50 Pf., gebunden 5 M.

Die Stempelsteuerpflicht bei Grundstücksübertragungen. Ein Hilfsbuch zur Berechnung und Einziehung des Immobiliarstempels. Zusammengestellt und bearbeitet von **J. Brachvogel,** Amtsgerichtsrat. 1912. Gr.-8°. Preis 6 M., geb. 7 M.

Patentgesetz und Gesetz, betr. den **Schutz von Gebrauchsmustern.** Von Justizrat Dr. **A. Seligsohn. 4., neubearbeitete Auflage.** 1909. Gr.-8°. 12 M., geb. in Leinen 13 M.

Die Preußischen Ausführungsgesetze, Verordnungen und ministeriellen Verfügungen zu dem Bürgerlichen Gesetzbuche und den Reichs-Justizgesetzen nebst anderen zugehörigen Gesetzen. Von **L. Busch. 2. Aufl.** von Landrichter **O. Eylau.** 8°. Preis geb. 4 M. 50 Pf.

Preußische Bürgerliche Gesetzsammlung. Sammlung der noch geltenden Landesgesetze privatrechtlichen Inhalts. Herausgegeben von den Gerichtsassessoren **D. Fischer** und Dr. **F. Schroeder.** 8°. 2 Bände Preis geb. in ganz Leinen 20 M.

Erster Band: **Das Allgemeine Landrecht mit den Einführungs-Patenten.** Preis 6 M.

Zweiter Band: **Gesetze von 1778—1902.** Preis 14 M.

Kommentar zum Stellenvermittlergesetz vom 2. Juni 1910 unter besonderer Berücksichtigung des zivilrechtlichen Gesetzesinhaltes mit den Ausführungsbestimmungen für **Preußen, Bayern, Sachsen** von **M. K. Samter,** Amtsgerichtsrat. 1912. Gr.-8°. Preis 4 M., geb. 5 M.

Die Invaliden- und Hinterbliebenenversicherung nach der **Reichsversicherungsordnung.** Eine systemat. Zusammenstellung der gesetzl. Bestimmungen von Dr. **Richard Freund,** Vorsitzendem der Landes-Versicherungsanstalt Berlin. 1911. 2 M., geb. 3 M.

Wie leitet man eine Versammlung? Geschäftlicher Handweiser für Vorsitzende. Von einem Mitgliede des deutschen Reichstages und des preußischen Abgeordnetenhauses. **2. Aufl.** 1908. kart. 1 M.

Praktischer Ratgeber für Dienstherrschaften nach dem Preuß. Gesinderecht unter Berücksichtigung der neueren Entscheidungen bearbeitet von **H. Grieben,** Verwaltungsdirektor a. D. und Bürgermeister. 1908. 1 M.

Das Recht der Handlungsgehilfen und Handlungslehrlinge. Von Rechtsanwalt **Hugo Horrwitz. 2. Aufl.** Geb. 3 M.

Die Registratur. Von **Hermann Kollrack. 2. Aufl.** 1906. 8°. **Kart.** 1 M. 40 Pf.

Die Pflichten des Waisenrates. Ein praktischer Leitfaden für Waisenräte und Verwaltungsbeamte. Von **F. Baum,** Geh. Justizrat und Vormundschaftsrichter. 8. **vermehrte und verbesserte Auflage.** 1906. 8°. 60 Pf.

Der Vormund, Gegenvormund, Pfleger und Familienrat. Nach dem Bürgerlichen Gesetzbuch, dem Reichsgesetz über die Angelegenheiten der freiwilligen Gerichtsbarkeit und dem Ausführungsgesetz zum BGB. Ein praktischer Leitfaden. Von **F. Baum,** Geh. Justizrat und Vormundschaftsrichter. 1899. 8°. 50 Pf.

Schlagwort-Register.

R. = Nummer der Sammlung Deutscher **Reichsgesetze.**
P. = Nummer der Sammlung **Preußischer** Gesetze.
S. = Seite.

Schlagwort-Register. (R. = Reichsgesetz, P. = preuß. Gesetz.)